言語変容の基礎的研究

英語準法助動詞 be able to をめぐって

寺田正義 著

In the bigynnyng was the word, and the word was at God,
and God was the word. This was in the bigynnyng at God.
Alle thingis weren maad bi hym, and withouten hym was maad no
thing, that thing that was maad. In hym was lijf, and the lijf was
the light of men; and the light schyneth in derknessis,
and derknessis comprehendiden not it. (John 1:1-5)
(Translated either by John Wycliffe or by his followers)

『言語変容の基礎的研究　英語準法助動詞 be able to をめぐって』

はしがき

　出版に当り，天の見えざる方の導きと，聖書信仰と英語学習の大切さを教えてくださった恩師に感謝申し上げたい。

　本書は，通時的な言語変容の事例として，be able to に焦点を当て，その発生の頃から現代に至るまでの意味・用法の変容の様相を捉え，かつ，関連する法助動詞 can, may, must などとの関係を探索したものである。be able to は，Quirk *et al.* (1985) では semi-auxiliary と呼ばれる動詞句 (verb idiom) の中に入っており，これを慣例的に「半助動詞」と呼んでいるが，ここでは，あえて，have to などと共に「準法助動詞」と呼ぶことにする。英語名も暫定的に，quasi-auxiliary としておきたい。言うまでもなく，be able to が can の代用形として確立した機能を果たしているだけでなく，can にはない自立的な意味を持っているので，他の半助動詞とは区別したいという趣旨からである。

　内容を時代別に3部に分けてみた。第1部は，be able to が誕生した14世紀，後期中英語の時代，第2部は，英語の完成期を迎えた16-7世紀，初期近代英語の時代，そして，第3部は，現代英語の時代というような具合にして，be able to を中心に，法助動詞の発達の姿を追ってみた。分析に用いた資料は，それぞれの時代を代表する書物を選んだつもりである。資料を略述すると，次のようになる。第1部は，*The Wycliffite Bible*, *The Works of Chaucer*, *Piers Plowman*, 比較資料として，*The New English Bible*。第2部は，*Tyndale's Bible*, *The Authorized Version of the Bible*（欽定訳聖書），*The Works of Shakespeare*。第3部は，Brown Corpus, 20数種の小説等。これらを，データ主義をモットーにして，可能な限り綿密に調べてみた。時代を同じくする資料同士の比較，あるいは，時代を異にする資料の比較を行い，これらを数量的に捉えて見ると，同時代の資料と言っても，かなり，異なる数値を示したりして，個々の資料の独自性が浮き出て見えてくる。独自性の例として，英訳聖書における be able to の統語と意味の

i

継承という現象は典型的なものであろう。英語史上初の完訳聖書である *The Wycliffite Bible* では，誕生間もない be able to が，ほぼ同じ意味を持ち，しかも誕生もほぼ同時期の be mighty to という表現法に凌駕されている姿を見ることができる。もっとも，mighty という単語は古英語の時代から使われていたし，意味的にも able よりも文脈に合うという事情もあったからかもしれない。しかし，その後，be mighty to は衰え，Wycliffe から 100 年以上後に現れた *Tyndale's Bible* では，be able to が，be mighty to にとって代わり，その意味・用法が，欽定訳聖書に，そして現代の聖書にまでも及んでいるのである。

現代英語における法助動詞は，その持つ迂言性のゆえに，複雑化した社会の中での言語生活の支え手として重要な役割を演じており，法助動詞同士の意味の重なりあいや，進行形を添えて，なお一層，微妙な意味あいを現出させる方法が取られたりしている。第 3 部は，あえて，そのような複雑な表現法についての議論に加わってみた。

Appendix は，筆者が勤務していた学校法人聖学院の理事長大木英夫教授の喜寿記念論文集に寄稿したものである。内容の一部に，第 4 章と関連した記述があるので，転載を許可していただいた。

この本は，教員生活の活動報告書のようなものになるので，自分の非才を世間に曝すようなものだという思いを強く持ちながらも，それにもかかわらず，Wycliffe や Tyndale たちのいのちを賭けた聖書英訳の仕事の一部を筆者なりに調べて記録しておきたい。それを，つたない文法研究に乗せて紹介してみたい，という願いを持ち続けてきた。この仕事に取りかかるべきかどうか大いに悩み，祈りつつ過ごすうちに 1 年が経とうとしていた。ようやく腰を上げたのは，2 年目の春になってからであった。すでに書いてあったものを並べてみると，大体のつながりが見えてきた。重複を最少限に止め，筋の通るように書きなおし，若干の書き下ろしも加えて，なんとか形ができるまでに，数か月を要した。出版を引き受けてくれそうな会社をいくつか頭に描いてみた。最初に声をかけたのが，朝日出版社であった。本造りの工程を明快に説明してくれたので，ここなら大丈夫であろうという気持ちになり，お願いすることにした。ある日，同社からの書類が郵便受けに入っていた。包装の仕方を見ると，郵

送でも宅急便でもない。どうやって届けてくれたんだろうと思案していたら,同社から電話があり,直接届けてくださったものであることを知った。同じ市に住む方がたまたま担当者となられたということであった。田家(たや)昇氏である。それ以来,何度も足を運んでいただいた。風雨の強い日もあった。そして,氏の細部にわたるご指導をいただきながら,ようやく,この本が誕生した。いろいろとお世話になり,心より感謝申し上げる次第である。次に感謝したいのは,40年前に高校生であった人たちにである。資料であるテキストを徹底的に読み,調べるという精神は高校教員の時代に培われたように思う。正確に言えば,生徒によって養われ,培われたと言ったほうがよいかもしれない。2つの高校に勤めたが,どちらも油断のならない生徒集団であった。教科書に書かれている内容や文法について鋭く突っ込んだ質問をこちらに浴びせるのである。毎時間,質問を10個用意してくるという剛の者もいた。若かった筆者はこの挑戦にも応じた。進度は見る見る遅れていった。そのため,多くの生徒はいらいらしていた。しかし,この質疑応答を続行することによって得たものは大きかったと思う。物事を深く考える習慣が身についていったように思うのである。

　生徒のことで,忘れがたい出来事が1つある。高校教師としての最後の年の学年始めの出来事である。ある日,教員控え室に一人の生徒が尋ねてきた。入学したての高1の生徒であった。私のところにやって来て,おもむろに,変形文法を教えてください,と言うのである。ちょっと聞いてみるとかなりのことを知っている。責任を持って指導できないと思ったので,大学院生がたくさん学んでいる東京言語研究所を紹介した。彼のクラスを担当することもなかったので,その後の進路も知ることなく,時が過ぎていった。そして,30年。彼は理論言語学の分野で国際的な評価を得ている学者となっていた。アメリカの州立大学の言語学科の主任教授を数年務めた後,それを辞して,日本に帰ってきた。太田朗先生,梶田優先生の後を受けて上智大学の言語学担当教授となった福井直樹氏である。もし,筆者があの時,お節介をやいて,生半可な知識で教えていたとしたら,途中で言語学研究をやめてしまっていたであろう。

高校，大学の同僚の先生から受けた英語学，英米文学に関する，知的刺激の大きさは，はかり知れない。お名前を一々挙げることはしないが，同僚であった先生方に深く感謝申し上げる。高校教師の時代には，Shakespeare の読書会をしたり，Palmer 時代の授業名手寺西武夫先生に授業批評をしていただいたりした。また，合わせて 16 年間，東京教育大学の 4 年生の教育実習を受け持ったことも大きな経験になった。

　大学の学生たちとは，ゼミの中で，主として英語教育関係の英文の資料を綿密に読む訓練を行なったが，時に，学生の方が深い読みをしていて，こちらが教えられることがあった。念には念を入れて，予習をしておかねばならないという教訓を得た。授業実践の訓練の中で，文法をどう教えるかという課題に対して，独創的な手法をいくつも提案してくれて，彼らを頼もしく感じるとともに，筆者も同時に学ばされるものが多かった。今や彼らの多くは，中堅の教員として活躍し，また，それぞれがすばらしい家庭を築いている。彼らに出会えたことは，誠に幸いであったと感謝している。

　この本の元になる論文を作成する段階で，筆者の質問にすばやく，また丁寧に回答を送ってくださったオックスフォードの *OED* 編纂部の Dr. Philip Durkin (Principal Etymologist) と Mr. Alex Steer (Deputy Chief Editor) に深く感謝申し上げる。*OED* の編集方針などについても知ることができた。また，積極的にインフォーマント役を引き受けてくださった Dr. Randolph Thrasher（国際基督教大学名誉教授），Mr. David Burger（聖学院大学教授），Rev. Evert Osburn Jr.（聖学院大学教授）の 3 先生に感謝申し上げる。

　最後になったが，家族の協力に心から感謝している。筆者を絶えず励ましてくれただけでなく，筆者の及ばないパソコン技術を用いて，妻を始め，家族総出で手伝ってくれた。

　本書にあるであろうすべての過誤は筆者の責任に帰することは申し上げるまでもない。

2010 年 4 月 3 日

著者

以下に，論文の執筆年次表を示しておく。

執筆年次表

(末尾の数字は本書における章を示す)

1. 'The Meaning of "I must be going"'.『聖学院大学論叢』(聖学院大学) vol. 2 (1989), pp.183-197——第 9 章
2. 「can の認識様態的意味」『聖学院大学論叢』(聖学院大学) vol. 4, No. 2 (1991), pp. 89-103——第 10 章
3. 'BE ABLE TO in *the Authorized Version of the Bible*'『聖学院大学論叢』(聖学院大学) vol. 7, No. 2 (1995), pp. 91-107——第 5 章
4. 「シェイクスピアにおける CAN および BE ABLE TO について」『聖学院大学論叢』(聖学院大学) vol. 10. No. 1 (1997), pp.95-112——第 7 章
5. 「欽定訳聖書についての疑問」『聖学院大学論叢』(聖学院大学) vol. 11, No. 3 (1999), pp. 151-63——第 6 章
6. 'A Preliminary Study of CAN and BE ABLE TO in Chaucer『聖学院大学論叢』(聖学院大学) vol. 14, No. 2 (2002), pp.129-37——第 1 章
7. 「ウィクリフ派新約聖書における CAN, MAY および MUST について」『聖学院大学論叢』(聖学院大学) vol. 15, No. 2 (2003), pp.109-23——第 1 章
8. 「現代英語における BE ABLE TO について」『聖学院大学論叢』(聖学院大学) vol. 16, No. 1 (2003), pp.87-102——第 8 章
9. 「ウィクリフ派聖書における MAY について」『聖学院大学論叢』(聖学院大学) vol. 17, No. 2 (2005), pp.29-42——第 2 章
10. 「ウィクリフ派聖書における接尾辞 -able について」『聖学院大学論叢』(聖学院大学) vol. 18, No. 3 (2006), pp.85-94——第 4 章
11. 「*Piers Plowman* にはなぜ be able to が出てこないのか」書き下ろし——第 3 章
12. 「ロラード派の系譜」『歴史と神学』(大木英夫教授喜寿記念献呈論文集)(聖学院大学出版会) 下 (2006), pp.221-54——Appendix

目　次

はしがき ……………………………………………………………… i
執筆年次表 …………………………………………………………… v

第 1 部　初期の be able to ……………………………………… *1*
　　　── Wycliffe, Chaucer, Langland の時代

第 1 章　*The Wycliffite New Testament* と *The Canterbury Tales* における be able to と can, may, must ……………… *2*

1.1　be able to と be mighty to の関係 ………………………… *3*

1.2　*The Wycliffite New Testament* と *The Canterbury Tales* における can, may, must の頻度比較 ……………………… *8*

1.3　*The Canterbury Tales* における be able to と can, may, must の意味 …………………………………………………… *9*

　　1.3.1　be able to　　*9*
　　1.3.2　can　　*9*
　　1.3.3　may　　*12*
　　1.3.4　must　　*16*

1.4　*The Wycliffite New Testament* における can, may, must の意味 ……………………………………………………………… *17*

　　1.4.1　can　　*18*
　　1.4.2　may　　*19*
　　1.4.3　must　　*21*

1.5　まとめ …………………………………………………………… *22*

　　注 …………………………………………………………………… *23*

vii

第 2 章 *The Wycliffite Bible* 全巻と *The Canterbury Tales* における may と can, be able to ... *25*

2.1 may の形態的特徴 ... *27*

2.2 may の統語的・意味的特徴 ... *29*

 2.2.1 本動詞としての用法 *29*
 2.2.2 may の原形 mow(e) の用法 *30*
 2.2.3 直説法現在 *32*
 2.2.4 直説法過去 *33*
 2.2.5 現在分詞形 *33*
 2.2.6 過去分詞形 *34*
 2.2.7 may の統語的環境 *34*

2.3 may と can/be able to との関係 ... *35*

 2.3.1 *The Wycliffite Bible* および *The Canterbury Tales* における may と can の関係 *35*
 2.3.2 *The Wycliffite Bible* における may と be able to の関係 *37*
 2.3.3 *The Wycliffite Bible* における be mighty to について *39*

2.4 まとめ ... *40*

 注 ... *41*

第 3 章 *Piers Plowman* にはなぜ be able to が出てこないのか ... *43*

3.1 may と can の頻度 ... *45*

3.2 be able to を意味する may と can ... *47*

 3.2.1 be able to の意味を持つ may *47*
 3.2.2 be able to の意味を持つ can *49*
 3.2.3 may と can の間に住み分けはあるか *50*

3.3 まとめ ... *51*

 注 ... *52*

第4章　*The Wycliffite Bible* と *The Works of Chaucer* における接尾辞 –able ……… 53

4.1 現代英語の -able の特性 ……… 54

4.2 *The Wycliffite Bible* と *The Works of Chaucer* の -able ……… 56

 4.2.1　*The Wycliffite Bible* と *The Works of Chaucer* における -able 派生語の比較　*56*

 4.2.2　*The Wycliffite Bible* における -able 派生語の特性　*62*

4.3 まとめ ……… 63

 注 ……… 64

第2部　神性を表す be able to ……… 65
―― Tyndale, 欽定訳聖書, Shakespeare の時代

第5章　欽定訳聖書における can と be able to ……… 66

5.1 can と be able to の統語構造 ……… 66

 5.1.1　can と be able to の統語構造の数量的分布　*66*

 5.1.2　*The Authorized Version* と *The New English Bible* との統語構造の比較　*69*

 5.1.3　法助動詞との共起　*72*

 5.1.4　仮定法現在の中での be able to　*75*

 5.1.5　分詞構文か，後置修飾か　*76*

 5.1.6　神的な存在を主語とする be able to　*77*

5.2 can be able to の意味 ……… 78

5.3 まとめ ……… 80

 注 ……… 81

第6章　Tyndale の英訳聖書と欽定訳聖書における can と be able to ……… 82

6.1 Tyndale 訳と欽定訳の統計的比較 ……… 86

  6.1.1 can の分布の比較 *86*
  6.1.2 be able to の分布の比較 *89*

6.2 Tyndale 訳と欽定訳の異同 *91*
  6.2.1 can → can *92*
  6.2.2 can → be able to *93*
  6.2.3 can → other forms *93*
  6.2.4 other forms → can *94*
  6.2.5 be able to → be able to *95*
  6.2.6 be able to → can *95*
  6.2.7 be able to → other forms *96*
  6.2.8 other forms → be able to *97*

6.3 まとめ *97*
  注 *99*

第 7 章 Shakespeare における can と be able to *100*

7.1 数量的考察 *100*

7.2 統語論的考察 *104*
  7.2.1 can *104*
  7.2.2 be able to *107*

7.3 意味論的考察 *111*
  7.3.1 can の意味 *111*
  7.3.2 be able to の意味 *114*
  7.3.3 can be able to の意味 *117*

7.4 まとめ *117*
  注 *119*

第3部　現代英語の法助動詞 ……………………………………… *121*
── 複雑化した言語生活を担う法助動詞

第8章　現代英語における be able to …………………………… *122*
8.1　意味的特徴に関する諸説 ……………………………………… *122*
- 8.1.1　Leech　　*122*
- 8.1.2　Coates　　*123*
- 8.1.3　Palmer　　*124*
- 8.1.4　中野　　*126*
- 8.1.5　Close, Thomson and Martinet　　*127*
- 8.1.6　Huddleston & Pullum　　*128*
- 8.1.7　諸説のまとめ　　*129*

8.2　Brown Corpus の分析 ………………………………………… *130*
- 8.2.1　統語的特徴　　*130*
- 8.2.2　意味的特徴　　*134*

8.3　まとめ …………………………………………………………… *137*
注 …………………………………………………………………… *138*

第9章　'I must be going.' の意味 ………………………………… *139*
9.1　Ota (1972) と安井 (1989) についての検討 ………………… *139*
- 9.1.1　Ota (1972) について　　*139*
- 9.1.2　安井 (1989) について　　*143*

9.2　資料に見る modal + progressive forms …………………… *145*
- 9.2.1　will/shall + progressive forms　　*145*
- 9.2.2　should + progressive forms　　*147*
- 9.2.3　ought to + progressive forms　　*149*
- 9.2.4　can+progressive forms　　*149*
- 9.2.5　must+progressive forms　　*150*
- 9.2.6　have to + progressive forms　　*151*

9.3 まとめ *153*

　注 *154*

第 10 章　can の認識様態的意味 *155*

10.1　肯定平叙文における can の意味解釈をめぐって *156*
　　10.1.1　can の E 用法を認める立場　*156*
　　10.1.2　can の E 用法を認めない立場　*157*
　　10.1.3　中間的な立場　*161*
　　10.1.4　資料から見た can　*162*

10.2　could の E 用法 *168*
　　10.2.1　従来の研究　*168*
　　10.2.2　could + 動詞の原形　*170*

10.3　まとめ *172*

　注 *173*

Appendix
「ロラード派の系譜」聖書の翻訳とその継承をめぐって *176*

11.1　ウィクリフの生涯管見 *177*

11.2　聖書の翻訳者たち *181*

11.3　聖書の継承者たち *193*

11.4　ティンダルそして宗教改革の時代 *195*

11.5　おわりに *200*

　注 *201*

引用文出典 *207*
参考文献 *210*
あとがき *214*
索引 *216*

第1部

初期のbe able to
―― Wycliffe, Chaucer, Langlandの時代

第1章 *The Wycliffite New Testament* と *The Canterbury Tales* における be able to と can, may, must

 英語発達史の中で,後期中英語期の法助動詞の意味・用法の変遷には,誠に興味深いものがある。
 図1.1は,can, may, must の意味変化の様子を,中尾(1972, pp.344-5)が示したものである。

図1.1 法助動詞の意味の消長

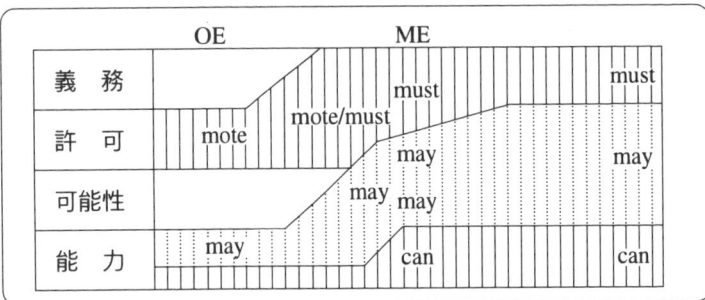

(F. Th. Visser 1963-73 § 1663: 中尾 1972: 344-5)

 また,中尾・寺島(1988, p.130)によれば,以下のような意味変化が起こったという。can は,元来,「知的にできる」(know how to),つまり実際にやって見せるのではなく,頭の中に知識として持っている,という意味を表す語であったものが,中英語以降は「一般的な能力」,つまり,現代英語の can が持つ意味を表すようになった。この意味は may から譲り受けたものである。そして,may は,古英語の時代には「能力」,「可能性」を表していたが,中英語期に入ると,「可能性」の意味は残しながら,さらに,「許可」,「願望」という意味が加わった。must/mote は,「許可」,「義務」を表していた

第1章 *The Wycliffite New Testament* と *The Canterbury Tales* における be able to と can, may, must

ものが，後期中英語になると「推量」という意味が加わった。

このような，主たる法助動詞の意味の変化が起きていた時代に，準法助動詞の be able to が新しく登場する [1]。そこで，この章では，主たる法助動詞間の関係や，be able to と法助動詞との関係，そして，be able to と同じ時期に生まれたものと思われる，しかもあまり話題に上らない be mighty to というフレーズと be able to との関係など，法助動詞同士の拮抗の姿，いわば，意味の奪い合いの様相を捉えてみることにしたい。

後期中英語の分析のために当時を代表する2つの文書を選んだ。1つは，John Wycliffe (c.1330-84) らが完成させた史上初の英訳聖書である。この英訳聖書には前期訳 (Early Version) と後期訳 (Later Version) の2種類があるが，本章では，後期訳の新約聖書部分（仮に *The Wycliffite New Testament* と呼んでおく。(以下，*WNT* と略記))を扱う [2]。2つ目は，Geoffrey Chaucer (1340?-1400) の *The Canterbury Tales*（以下，*CT* と略記）である [3]。

1.1 be able to と be mighty to の関係

順序から言えば，主たる法助動詞から論じるべきであろうが，いささか体裁に欠けることを承知の上で，be able to と，筆者にとっては予想外のコロケーションである be mighty to の関係についてはじめに述べておきたい。

The Oxford English Dictionary（以下，*OED* と略記）では，be able to の 'able' の主たる意味と，初出と2番目の文は以下の通りである。

(1) Having the qualifications for, and means of doing anything; having sufficient power (of whatever kind is needed;) in such a position that the thing is possible for one; qualified, competent, capable.
c 1325 *E. Eng. Allit. Poems Pearl* 598 (1864) 18 Thenne the lasse in werk to take more able.

3

c 1400 *Tale of Beryn* 3²37 (1876) Tyll it [the child] be abill of prentyse to crafft of tanery. (*OED*)

OED には，be mighty to というコロケーションの解説も，例文も載っていない[4]。Chicago 大学出版の *Middle English Dictionary*（以下，*MED* と略記）には，2.(b) able (to do sth.) とあり，初出と 2 番目の文は以下の通りである。

(2) (1357) Gaytr. *LFCatech.* 70/362: Thise er the seuen bodily dedis of merci That ilk man augh to do that is mighty.
 (a1382) (WBible (1) Pref. Jer. (Bod 959) (3.21) That he [a bishop] be mighty to myche steren in holsum doctryne & the withsiggers to withstond. (*MED*)

初出の文は，(to do sth.) を欠いているので，be mighty to の完全な文の初出例は結局，2 番目の *The Wycliffite Bible* の Early Version からということになる。この文の主語 (a bishop) に注目いただきたい。*The Wycliffite Bible* では，be mighty to が，1 つの使命を帯びるがごとくにして使われていることが，主語を比べて見ることによってわかるのである。WNT には 11 例あるが，そのすべてについて，*Tyndale's New Testament*（以下，*TNT* と略記）と対比させてみると，その使命が鮮明になる[5]。(a. が *WNT*, b. が *TNT* である。)

(3) a. ...for Y seie to you, that *God is myghti to* reise vp of these stoones the sones of Abraham.
 b. For I say unto you, *God is able* of these stones *to* raise up children unto Abraham. (Matt. 3.9)
(4) a. ...ghyuyuge glorie to God, witynge moost fulli that what euere thingis God hath bihight, *he*(*God*) *is myghti* also to do.

b. ...and gave honour to God, full certified, that what he had promised that, *he(God) was able to* make good. (Rom. 4.21)

(5) a. For *God is myghti, to* sette hem in eftsoone.
b. For *God is of power to* graff them in again. (Rom. 11.23)

(6) a. And *God is mighti to* make al grace abounde in you....
b. *God is able to* make you rich in all grace.... (2 Cor. 9.8)

(7) a. And to *hym(God)* that *is myghti to* do alle thingis more plenteuousli than we axen or vndurstondun....
b. Unto *him(God)* that *is able to* do exceeding abundantly above all that we ask or think.... (Eph. 3.20)

(8) a. For Y woot to whom Y haue beleuyd, and Y am certeyne that *he(Jesus Christ) is mighti for to* kepe that is take to my keping in to that dai.
b. For I know whom I have believed, and am sure that *he (Jesus Christ) is able to* keep that which I have committed to his keeping, against that day. (2 Tim. 1.12)

(9) a. ...that *he(a bishop) be mighti to* amoneste in hoolsum techyng....
b. ...that *he(a bishop) may be able to* exhort with wholesome learning.... (Tit. 1.9)

(10) a. ...*he(Jesus Christ) is mighti to* helpe also hem that ben temptid.
b. ...*he(Jesus Christ) is able to* succour them that are tempted.
(Heb. 2.18)

(11) a. For he demyde that *God is myghti to* reise hym, yhe, fro deth....
b. ...that *God was able to* raise up again from death. (Heb. 11.19)

(12) a. And now Y bitake you to God and to the word of *his (God's) grace*, that *is myghti to* edifie and ghyue eritage in alle that ben maad hooli.
b. And now brethren I commend you to God and to the word of *his (God's) grace*, which *is able to* build further... (Ap. 20.32)

5

(13) a. But to *him*(*God*) that *is mighti to* kepe you with out synne....
b. Unto *him*(*God*) that *is able to* keep you, that you fall not....

(Judas 24)

以上の例からも明らかなように，be mighty to は単に 'can, be able to' の意味を表すためだけではなく，'have the divine power' という意味も内包している。(14) に示すように，mighty の 1 つの定義にしたがって，主語が限定されているのである。

(14) 1. (a) Of God, Christ, the hand of God; powerful, mighty; having power or authority (*MED*)

つまり，主語は，God, Jesus Christ, bishop などでなければならない。この考え方が Tyndale では，be able to に継承され，欽定訳聖書にもそれが引き継がれ，そして，現代に至っているのである。アメリカで発行されている普及率の非常に高い，通称 *NIV* (*New International Version*)(1973) でも，be able to の意味の一つとして継承され，9 個の用例がある [6]。*WNT* には be able to が 10 例あるが，主語については必ずしも上記のことが意識されていない。*WNT* の be able to のすべてを掲げてみると，次のようになる。

(15) a. And alle men *schulen be able for to* be taught of God.

(John 6.45)

b. And whanne the hauene *was not able to* dwelle in wynter....

(Ap. 27.12)

c. ...what euere thingis hooli, what euere thingis *able to* be louyd....

(Phil. 4.8)

d. ...bitake thou these to feithful men, whiche *schulen be* also *able to* teche othere men. (2 Tim. 2.2)

e. ...but to be mylde to alle men, *able to* teche, paciente, with temperaunce repreuyuge hem that athenstonden the treuthe....

(2 Tim. 2.24)

f. For the word of God is quyk, and spedi in worching, and *more able to* perse than any tweyne eggid swerd.... (Heb. 4.12)

g. Of whom ther is to vs a greet word for to seie, and *able to* be expowned, for ye ben maad feble to here. (Heb. 5.11)

h. But ye han not come to the fier *able to* be touchid, and *able to* come to, and to the whirlewynd.... (Heb. 12.18)

i. ...aftirward pesible, mylde, *able to* be counseild, consentinge to goode thingis.... (James 3.17)

WNT で使われている be able to と be mighty to とを統語的な観点から表にしてみると表1.1のようになる。

表 1.1　be able to と be mighty to の統語的分類

	現在時制	過去時制	法助動詞と共起	後置修飾
be able to	0	1	2	7
be mighty to	11	0	0	0

表1.1をどのように読み取ったら良いであろうか。be able to は早くも代用形の役割を果たしているように見える。一方，be mighty to は自立性の高い，個性の強い表現法に見える。主語の種類を制限するという使い方は，*WNT* 独特のものであることが，*CT* の例を見ることによってわかる。*CT* では，1つの文に2回出てくるだけで，しかも，主語についての制限はない。

(16) For certes, right so as fir(fire) *is moore mighty to* destroyen erthely thynges than any oother element, right so Ire(anger) *is myghty to* destroyen alle spiritual thynges. (*CT*. Pars. I. 547)

1.2 *The Wycliffite New Testament* と *The Canterbury Tales* における can, may, must の頻度比較

can, may, must には，それぞれ数種の綴りが存在するが，ここでは現代英語の綴りに統一して頻度比較の表を示しておく。

表 1.2 *The Wycliffite New Testament* と
The Canterbury Tales における **can, may, must** の頻度比較

	The Wycliffite New Testament	*The Canterbury Tales*
can	8 (3.1%)	226 (15.7%)
could	0 (0%)	135 (9.4%)
may	190 (73.0%)	656 (45.7%)
might	60 (23.1%)	213 (14.8%)
must	2 (0.8%)	207 (14.4%)
Total	260	1,437

総数において，極端な相違が見られるが，*CT* の行数を基準に考えてみると，*WNT* を少なく見積もっても，*CT*: *WNT*= 19,335: 20,000 のように，長さはほぼ互角である。したがって，can, could, must に関しては，*WNT* はたいへん少ないということができる。このことは，ここでは調査の対象から外したが，shall/should, will/would の頻度を見れば良くわかる。shall (1811), should (281), will (118), would (77) なのである。*WNT* に見られる，この著しい傾向は，聖書翻訳の精神と合致しているのではないか。すなわち，これまで，聖職者の手にのみあったラテン語聖書を，一般信徒の手にも届くようにしたいという英訳の志の一端として，微妙な意味を持つ法助動詞を極力使わずに翻訳したいという意図を読み取ることができる。

1.3 *The Canterbury Tales* における be able to と can, may, must の意味

1.3.1　be able to
CT には，(17) のように be able to が 2 回出てくるだけである。

(17) a. And *able for to helpen* al a shire In any caas that mighte falle or happe.　　　　　　　　　　　　　　　　　(1(A)584-5)
　　b. Hym thoughte he *was nat able for to* speede.　　(Ph. C. 134)

Chaucer は，この新しい表現法を試しに使ってみよう，という心境であったのだろうか。2 例とも for to が使われているが，for は to の持つ方向の意味を強めるために添加されたもので，後期中英語では衰退し，現在では，方言として残っている (7)。

1.3.2　can
OED によれば，can は紀元 1000 年頃に本動詞として現われ，他動詞としては，(a) to know or be acquainted with (a person), (b) to know or have learned (a thing), (c) to have practical knowledge of (a language, art, etc.) というような意味を持ち，自動詞としては，(a) to have knowledge, (b) to know of, (c) to know much or little of というような意味を持っていた。*OED* では，法助動詞としての初出は 1154 年で，(a) to know how (to do anything), (b) to have learned, (c) to be intellectually able という意味を持っていた，と記している。やがて意味の拡張が進んで，現代英語の can が持つような「(知的および肉体的) 能力」を指すようになり，may の意味を蚕食していったとされている (8)。

CT が書かれたのは，can の法助動詞化が始まってから 200 年以上も経ているから，当然ながら法助動詞の比率が，本動詞よりも高

くなっている。表1.2の *CT* における can と could を合わせると，361例になるが，そのうち，本動詞が43例 (12%)，法助動詞が318例 (88%) であり，法助動詞化の完成間近であると言えるだろう。

本動詞の例をいくつか挙げてみる [9]。

(18) That in swich cas *kan* no divisioun/But weyeth pride and humblesse after oon.
(That in such situation *knows* no distinctions/But weighs pride and humility alike.) (I(A)1780)

(19) For I *kan* al by rote that I telle.
(For I *know* all that I tell by heart.) (VI(C)332)

(20) I learne song; I *kan* but smal grammeere.
(I learn song; I *know* only a little grammar.) (VII 536)

次に，*CT* における法助動詞としての can の意味について検討してみる。すでに述べたように *OED* によれば，法助動詞 can の意味は概略，(a) to know how (to do anything), (b) to have learned, (c) to be intellectually able となる。(a), (b) の意味は本動詞の意味を継承したものであり，(c) はおそらく法助動詞化が進むにつれて発達したものであると考えられる。(c) はやがて意味が拡張されて may が本来持っていた 'to be able to, to have the power, ability or capacity to' という「能力」一般を意味するようになったものと考えられる。can が 'to know how to' を意味するのか，'to be able to' を意味するのかは微妙なことが多い。

次の例は 'to know how to' を意味しているものと解釈できる。

(21) Well *koude* he sitte on hors and faire ryde.
(He *knew how to* sit a horse and ride.) (1(A)94)

(22) Wel *koude* he dresse his takel yemanly;
(he *knew how to* care for his arrows skillfully;) (1(A)106)

第 1 章　*The Wycliffite New Testament* と *The Canterbury Tales* における be able to と can, may, must

(23) Wel *koude* she carie a morsel and wel kepe that no drope ne fille upon hire brest. (she *knew how to* carry a morsel up and keep the smallest drop from falling on her breast.) (1(A)130)

(24) Eek Plato seith,whoso *kan* hym rede, /The wordes moote be cosyn to the dede. (And Plato says to those who *know how to* interpret him, "The word should be as cousin to the deed." (1(A)741)

(25) Wel *koude* he laten blood, and clippe and shave, / And maken a chartre of lond or acquitaunce. (He *knew* how to let blood, cut hair and shave, and draw up legal deeds;) (1(A)3326)

次の例は 'to be able to' を意味しているものと解釈できる。

(26) Wel *koude* he synge and pleyen on a rote;
　　(he *could* sing and play on a stringed instrument;) (1(A)236)

(27) His lord wel *koude* he plesen subtilly, /To yeve and lene hym of his owene good, /And have a thank, and yet a cote and hood.
　　(He *could* please his lord by lending him some of his own possessions and thus obtain thanks and a reward besides.)
　　　　　　　　　　　　　　　　　　　　　　　　　　　　(1(A)610)

(28) So that I *koude* doon aught to youre plesaunce.
　　(So that I *could* do anything to your pleasure.) (1(A)1571)

(29) Or elles he is at his hous, certeyn./Where that he be, I *kan* nat soothly seyn.
　　(If not, he is certainly at home today./But where he is I *can't* exactly say.) (1(A)3669-70)

(30) There no wight *koude had founde* out swich a sleighte.
　　(No one *could have found* out such a trick.) (IV(E)2131)

(28), (30) は仮定法である。
「可能」の意味を表すと見られる例もある。典型的な can [not] be

11

の形になっているものを挙げてみる。

(31) We olde men, I drede, so fare we;/Till we be roten, *kan* we *nat be* rype;
　　(We old men are like that, I fear; we *cannot be* ripe till we are rotten;)　　　　　　　　　　　　　　　　　　　　(1 (A) 3874-75)
(32) For who *kan be* so buxom as a wyf?
　　(For who *can be* so obedient as a wife?)　　　　(IV (E) 1287)
(33) Allas! And *konne* ye *been* agast of swevenys?
　　(Alas! And *can* you *be* frightened of dreams?)　　(VII 2921)

以上，*CT*における can の意味・用法を見てきたわけであるが，まとめてみると次のようになるであろう。
(i) 本動詞と法助動詞の比率は法助動詞のほうがほぼ90%になっており，法助動詞化がほぼ完成していると言うことができる。
(ii) 法助動詞の意味は本来の 'to know how to' から 'be able to' に移行する傾向は見られるが，依然として 'to know how to' も多く使われていて，'to know' の意味から脱していないことが見てとれる。一方，「可能」を表すものも出てきており，近代英語に近付いていることは確かである。

1.3.3　may

*CT*における may, might は合わせると 869 例 (60.5%) となり，これらがいかに重要な働きを担っているかが分かる。*OED* によれば may の意味は概略以下のようになる。2.a. および 2.b. については *OED* の can の項にある意味をカッコ内に示しておく。

1. As a verb of complete predication.
　　To be strong; to have power or influence; to prevail (over)

2. As an auxiliary of predication.
   a. Expressing ability or power = Can (to be able; to have the power, ability or capacity)
   b. Expressing objective possibility, opportunity, or absence of prohibitive conditions = Can (to be permitted or enabled by the condition of the case)
   c. Expressing permission or sanction: To be allowed (to do something) by authority, law, rule, morality, reason, etc.
   d. Expressing subjective possibility, i.e. the admissibility of a supposition

OED の 2.a., すなわち「能力」を表すものから見ていくことにする。これらは，現代英語では，その意味を can に完全に譲っている。

(34) And whan he rood, men *myghte* his brydel heere/Gynglen in a whistlynge wynd als cleere
   (And when he went out riding, men *could* hear his bridle jingle in the wind, as clear) (1(A)169-70)

(35) He *may* nat wepe, althogh hym soore smerte.
   (He *cannot* weep, though he sorely, painfully, suffers.) (1(A)230)

(36) But al that he *myghte* of his freendes hente,/On books and on lernynge he it spente,
   (But upon books and learning he would spend all he *was able to* obtain friends,) (1(A)299-300)

(37) My wit is short, ye *may* wel understonde.
   (My wits are none too bright, as you *can* see.) (1(A)746)

(38) For everemore; ther *may* no gold hem quite.
   (For evermore; no gold *can* ransom them.) (1(A)1032)

(39) He *myghte* wel, if that he bar hym lowe,/Lyve in Athens everemoore unknowe,

13

(Were he to conduct himself humbly, he *could* live quite unknown in Athens all his life,) (1(A)1405-06)

(40) That *may* assoille, bothe moore and lasse,/Whan that the soule shal fro the body passe.

(That I, who *can* absolve both high and low when soul from body is about to go) (VI(C)939-40)

(41) A wikked tonge is worse than a feend;/My sone, from a feend men *may* hem bless.

(A wicked tongue is worse than any fiend, against the devil you can *cross* yourself.) (IX(H)320-21)

以上，'be able to' の意味を持つ may の例を挙げたわけであるが，その他に数多くあり，枚挙にいとまがないほどである。

次に，現代英語と同じ *OED* の 2.b. の意味，つまり「可能性・推量」を表す例を挙げてみる。

(42) And telleth me if it *may* been amended,/And why that ye been clothed thus in blak.

(And tell me if the matter *may* be mended and why it is that you are clothed in black.) (I(A)910-11)

(43) It is an inpossible; it *may* nat be.
(It is impossible, it *cannot* be!) (III(D)2231)

(44) Til that youre sighte ysatled be a while/Ther *may* full many a sighte yow bigile.

(Until your sight has settled down a bit you *may* be frequently deceived by it.) (IV(E)2405-06)

(45) She *may* have bettre for time than yow semeth;
(She *may* have better fortune than you imagine;) (V(F)1497)

(46) The wise Plato seith, as ye *may* rede,/The word moot nede accorde with the dede.

    (Wise Plato says, as those who *may* read, words should be in accordance with the deed.)   (IX(H)207-08)

(47) so that I *may* be oon of hem at the day of doom that I shulle be saved.

    (that I *may* be one of those who shall be saved on the day of doom.)
    (X(I)1092)

(43)は強い否定の推量を表しており、現代英語ではmayは使えない。

*CT*全体を見渡すと、「能力」の意味を持つと思われるものが圧倒的に多く、*CT*では依然として、canよりもmayのほうがはるかに多くこの意味で使われていたと考えられる。いずれにしても、canとmayの間には意味の近接性があり、やがて時代の経過とともにcanがmayの意味を蚕食していく原因となったわけである。意味の近接性ということで興味深いのは、次のようなcanとmayを並置した例が見られることである。

(48) Now help me, lady, sith ye *may and kan*,   (1(A)2312)
(49) Saleweth yow, as he best *kan and may*,   (V(F)112)
(50) Lente me gold; and as I *kan and may*,   (VII 354)

このkan and may あるいはmay and kan の意味をどう捉えるかはむずかしい問題があるが、対立的な意味ではないことは言うまでもない。Benson (1987)では、これを 'know how and can' と解釈している。canに元々の 'to know how to' の意味を付加していることは言うまでもない。*CT*ではcanとmayは非常に近い意味だが全く同じ意味にはなっていないというのがBenson (1987)の結論であると判断できる。

1.3.4 **must**

CT では must は, moot (111例), moste (94例), mote (2例) であって, 現代英語の綴りの must の形は使われていない。must は元は mote の過去形であった。*OED* の mote の項には以下に引用するようなやや長い解説があり, may との近接性が述べられている。

> The primary sense seems to be that preserved in Gothic, from which the sense 'is permitted, may' can easily have been developed. The transition from this to the sense 'is obliged, must' is more difficult to explain; It may have arisen from the use in negative context, where the senses ('may not', 'must not') are nearly coincident.
> 1. Expressing permission or possibility = May
> 2. Expressing necessity or obligation = Must   (*OED*)

CT を調べてみると, 上記の記述を裏付けるように must の意味を 'to be permitted, may' の意味に解釈したほうがよさそうなものが散見される。

(51) As evere *mote* I drynke wyn or ale,/Whoso be rebel to my juggement/Shall paye for al that by the wey is spent.
   (And as I *may* drink wine or ale, whoever disobeys my judgement should pay all we spend upon the way.)   (I(A)832)

(52) He *moot* as wel seye a word as anothr.
   (He *may* as well say one word as another.)   (I(A)738)

(53) I pray to God his nekke *mote* to-breke;
   (I hope to God he goes and breaks [*may* break] his necks in pieces:)
              (I(A)3918)

(54) Bischynge hym to doon hire that honour/That she *moste* han the Cristen folk to feest —
   (Beseeching him to let her have the honour of inviting [that she

might have] the Christians to a feast —) (II 380)
(55) That she *moste* kisse hire child er that it deyde,
(That she *might* kiss her child before it died,) (IV 550)

しかしながら，大部分は 'to be obliged, must' の意味で使われているように思われる。ここでは数例を挙げるに留めておく。

(56) Therfore in stede of wepynge and preyeres/Men *moote* yeve silver to the povre freres.
(Therefore instead of weeping and of prayer one *must* give silver for a poor Frier's care.) (I(A)231-32)
(57) A man *moot* nedes love, maugree his heed;
(A man *must* love, for all his wit;) (I(A)1169)
(58) And dye he *moste*, he seyde, as dide Ekko/For Narcisus, that drsted nat telle hir wo.
(And he *must* die, he said, as Ekko did for young Narcissus and the love she hid.) (V(F)951-52)
(59) For certein beestes that I *moste* beye.
(I *must* buy some cattle to renew) (VII 272)

以上，must について見てきたわけであるが，*CT* における must の意味・用法は現代英語とほとんど変わらないところまで発達してきていると言えるであろう。

1.4 *The Wycliffite New Testament* における can, may, must の意味

WNT について，*CT* の調査結果と比較しながら検討してみることにする。

be able to については，1.1 で詳説したので省略する。

1.4.1 can

WNT では, kunnen も含めた can はわずかに 8 例に過ぎない。すべてについて, *The New English Bible*(以下, *NEB* と略記)と比較してみる。(a. が *WNT*, b. が *NEB* である。)

(60) a. Therfor if ye, whanne ye ben yuele men, *kunnen* ghyue good ghiftis to youre sones....
 b. If you, then, bad as you are, *know how to* give your children what is good for them.... (Matt. 7.11)

(61) a. Thanne ye *kunne* deme the face of heuene, but ye moun not wite the tokenes of tymes.
 b. You *know how to* interpret the appearance of the sky; can you not interpret the signs of the times? (Matt. 16.3)

(62) a. How *can* this man lettris, sithen he hath not lerned?
 b. 'How *is it*', they said, '*that* this untrained man has such learning?
 (John 7.15)

(63) a. And Y *can* also be lowid.
 b. I *know what it is to* be brought low. (Phil. 4.12)

(64) a. I *can* also haue plentee.
 b. I *know what it is* to have plenty. (Phil. 4.12)

(65) a. ...that ech of you *kunne* welde his vessel in holynesse, and onour....
 b. ...each one of you *must learn to* gain mastery over his body.
 (1 Thes. 4.4)

(66) a. ...for if ony man *kan not* gouerne his house, hou schal he haue diligence of the chirche of God?
 b. If a man does *not know how to* control his own family, how can he look after a congregation of God's people? (1 Tim. 3.5)

(67) a. Therefor it is synne to hym, that *kan* do good, and doth not.
 b. Well then, the man who *knows* the good he ought to do and does

not do it is a sinner. (James 4.17)

(cf. *TNT* Therefore to him that *knoweth how to* do good, and doth it not, to him it is sin.)

上記のように，すべての can が 'to know (how to)' または 'to learn to' の意味で使われている。

以上によって結論づけられることは，*WNT* における can は 'to be able to' の意味を持っていないということである。

1.4.2 may

WNT における may は may (116 例), moun (72 例), mow (2 例) であるが，形態に関係なく，その意味の大部分は 'to be able to, can' であることが著しい特徴である。以下，例を挙げ，*NEB* と対比を行う。(a. が *WNT*, b. が *NEB* である。)

(68) a. A citee set on an hil *may not* be hid.
 b. A town that stands on a hill *cannot* be hidden. (Matt. 5.14)
(69) a. As long tyme as thei haue the spouse with hem, thei *moun* not faste.
 b. As long as they have the bridegroom with them, there *can* be no fasting. (Mark 2.19)
(70) a. And he *myghte* not do there ony vertu....
 b. He *could* work no miracle there.... (Mark 6.5)
(71) a. No seruaunt *may* serue to twei lordis.
 b. No servant *can* be the slave of two masters; (Luke 16.13)
(72) a. Ye *moun not* serue to God and to ritchesse.
 b. You *cannot* serve God and Money. (Luke 16.13)
(73) a. Whether the deuel *may* opene the iyen of blynde men?
 b. *Could* an evil spirit open blind men's eyes? (John 10.21)
(74) a. Aftir these thingis, Y sai a greet puple, whom no man *myghte*

noumbre....

b. After this I looked and saw a vast throng, which no one *could* count.... (Rev. 7.9)

(75) a. Who is lijk the beeste, and who schal *mowe* fighte with it?

b. Who is like the Beast? Who *can* fight against it? (Rev. 13.4)

ほとんどの場合,否定辞と共起するか,疑問文の中で使われているのがその特徴である。

OED には記載はないが,may が他動詞として使われている例がある。この場合は 'to have power over something' という意味を持つ。したがってこの場合もその意味は 'to be able to' に近い。

(76) a. Y *may* alle thingis in hym that coumfortith me.

b. I *have strength for* anything through him who gives me power.

(Phil. 4.13)

(77) a. Therefor, if ye *moun not* that that is leest, what ben ye busie of othere thingis?

b. If, then, you *cannot do* even a very little thing, why are you anxious about the rest? (Luke 12.26)

WNT では,may の意味の変化は緩慢であり,中尾・寺島 (1988, p.130) で指摘されているような傾向はほとんど観察されない。すなわち, may の意味はもっぱら「能力」の意味に限られ,「可能性」,「許可」,「願望」などの意味を持つものは見出されない。*NEB* の中で「願望」の意味の may が集中的に出てくる John 17. 20-26 を比べてみると,その違いは歴然としている。

WNT (John 17. 20-23)

And Y preye not oneli for hem, but also for hem that schulden bileue in to me bi the word of hem, that all ben oon, as thou, fadir, in me, and

Y in thee, that also thei in us ben oon; that the world bileue that thou hast sent me. And Y haue ghouun to hem the clerenesse, that thou hast ghouun to me, that thei ben oon, as we ben oon; Y in hem, and thou in me, that thei ben endid in to oon; and that the world knowe, that thou sentis me,and hast loued hem, as thou hast loued also me.

NEB (John 17. 20-23)

'But it is not for these alone that I pray, but for those who through their words put their faith in me; *may* they all be one: as thou, Father, art in me, and I in thee, so also *may* they be in us, that the world *may* believe that thou didst send me. The glory which thou gavest me I have given to them, that they *may* be one, as we are one; I in them and thou in me, *may* they be perfectly one. Then the world will learn that thou didst send me, that thou didst love them as thou didst me.

1.4.3 must

must は 2 例だけであり,その意味は一つは「義務」(78) を表し,もう一つは「必然」(79) を表している。

(78) a. But he *moste* nede delyuer to hem oon bi the feest dai.
     b. At festival time he *was obliged* to release one person for them.
     (Luke 23.17)
(79) a. For we *moten* nedis speke tho thingis, that we han sayn and herd.
     b. We *cannot possibly* give up speaking of things we have seen and heard. (Ap. 4.20)

「推量」の意味を表すものは見出せなかった。

1.5 まとめ

The Wycliffite New Testament と *The Canterbury Tales* とを比較検討した結果，*CT* にはある程度の意味の拡張が見られるが，*WNT* の場合には，法助動詞の頻度も少なく，意味変化も少ないことがわかった。法助動詞が少ないということは，話者の微妙な心的態度を表すモダリティが少ないということであって，それだけ，文章がわかりやすくなり，書物全体から受ける印象は素朴で力強いものになった。実は，そのことこそ，翻訳者が願ったことではなかったか。すでに述べたように，英訳の目的が，ラテン語の知識の乏しい若い聖職者や一般民衆の手に聖書をもたらすことであったことからすると必然的な文体であったのではないかと思われる。想像をたくましくするならば，ラテン語原典の Vulgate（日常語という意味を持つ）にならって，当時の英語の日常語にできるだけ近付けたいという願いが法助動詞の抑制に反映されたのではないかと考えられる。いずれにしても意味変化の時期は，*WNT* に照準を合わせるならば，図 1.1 は，もう少し，近代英語に近い所に意味変化の時期を移動させなければならないというのが，筆者の結論である。

次に，*The Wycliffite New Testament* における can, may, must について，be able to, be mighty to, ken など周辺の語法も含めて，それらの特徴を can, may, must の順に整理をしておきたい。

i．can はそのほとんどすべてが 'to know how to' の意味で使われている。一方，be able to は 10 例あり，can に先立って 'to be able to' の意味を担うようになっている。be mighty to（11 例）は明確な目的を持って使われている。すなわち，単に，'to be able to, can' の意味を持つだけではなく，'to have the divine power to' という意味を持っていて，その主語はほとんどすべてが God または Jesus Christ である。ken（4 例）は語源的にも can と近接性があるものであるが，助動詞として使われていると判断せざるえな

いものも含めて can に極めて近い意味を担っている。
ii. may はそのほとんどすべてが 'to be able to, can' の意味で使われているように考えられる。*CT* の場合には、「可能性・推量」を表すと思われるものも見られるが大部分は 'to be able to, can' の意味で使われており、その事情は *WNT* の場合とかなり近いように考えられる。
iii. must はわずかに 2 例であり、その意味は「義務」、「必然」を表している。本章では shall, should については詳しく触れなかったが、これらが現代英語の must に近い意味をもって使われていた可能性がある。また、命令文も多く使われており、これが「義務・命令」の意味を担っていたのではないかと考えられる。

注

(1) be able to は Quirk (1985) にしたがえば、semi-auxiliaries に属することになり、日本語では、「半助動詞」と呼ぶのが慣例となっている。しかし、本書では、「はじめに」の中で述べたような理由で、これを「準法助動詞」と呼ぶことにした。

Kajita (1968) は生成文法の立場から semi-auxiliaries を論じている。Quirk (1985) よりも広義に解釈し、概略、V + (to) 不定詞 および V + 〜 ing という形を持つ動詞句を指し、これを統語素性によって 6 つのグループに分類している。be able to は、リストには表示されてはいるものの、特別扱いはされていない。

(2) 使用したテキストは Forshall, J. & Madden, F. (eds.) *The Holy Bible: Containing the Old and New Testament, with the Apocryphal Books: in the earliest English versions made from the Latin Vulgate*, Vol. 4, 1982. の後期訳の新約部分である。原本の著者問題についての研究は依然として行われているわけであるが、特に、後期訳については、Wycliffe 自身はほとんど関わっていない可能性が高い。後継者たちが、Wycliffe の死（1384 年）直後、おそらく 1388 年頃にこの後期訳を完成させたものと考えられる。

なお、本書では、無声音の yogh は gh と表記してある。

(3) *The Canterbury Tales* は Benson, L.D. (ed.) *The Riverside Chaucer* Third Edition, Houghton Mifflin Company, 1987. を主として使用し,*The New Ellesmere Chaucer. Monochromatic Facsimile*, Yushodo & Huntington Library Press, 1997. および Robinson, F. N. (ed.) *The Works of Geoffrey Chaucer*, Oxford University Press, 1957. を参照した。行配列 (lineation) は *The Riverside Chaucer* に基づいている。

The Canterbury Tales についてはすでに小野 (1969) が詳細な研究を行っているが,本研究では若干別の視点からの考究を行っている。

(4) Oxford University Press に,be mighty to のような連語の解説・例文が掲載されていない理由を聞いてみたところ,Principal Etymologist の Dr Philip Durkin から次のような返事が来た。

The Oxford English Dictionary does not provide exhaustive coverage of phrasal usage for the Middle English period (and does not profess to do so), but simply illustrates and lemmatizes those phrasal uses which are of greatest significance for the history of the word.

Yonekura (1985, p.400) は,be able to と be mighty to を infinitive の postadjectival modifier として紹介している。

(5) 訳者は,力強き全能者なる God や Jesus Christ の行動を描写するのに be mighty to が最も適していると判断したのであろう。be mighty to 廃用後は be able to が見事に,それを引き継いでいるのは,Tyndale が Wycliffe の気持ちを十分に理解し,*The Wycliffite Bible* を熟読していたにちがいないのである。Tyndale と何世代にもわたって存続する Wycliffe の後継者 (Lollards) たちとの接触については,Aston, M. (1984) および Hudson, A. (1988) が詳しい。

(6) 聖書の箇所を記しておく。Da.3.17, Ro.14.4, Ro.16.25, 2Co.9.8, Eph. 3.20, 2Ti. 3.15, Heb. 7.25, Jude. 24, Rev. 5.5

(7) 中尾 (1979) p.193

(8) Ono (1975) p.60 は,can の助動詞化はすでに古英語の時期に進んでいたとしている。

(9) (18) 以降の現代英語訳は主として Benson (1987) の注,Coghill, N. (1951) および Wright, D. (1986) を参考にした。現代英語への直訳をした場合に,現代英語の統語法とかなりかけ離れてしまっている場合には,それを [ ] で示してある。

第2章 *The Wycliffite Bible* 全巻と *The Canterbury Tales* における may と can, be able to

　第1章では，*The Wycliffite Bible* の新約部分と *The Canterbury Tales* に現れた法助動詞 be able to, may, can, must の比較研究を行い，古英語から近代英語への中間点に当たる中英語期の法助動詞の意味用法の変化の状況を調べた。その結果，次のような結論となった。

　本来，本動詞であった can は，法助動詞化がかなり進んでいる。しかし，大部分が古英語以来の「知的に出来る」(to know how to) という意味に留まっている。それに対して may は，現代英語の can が担っている「一般的能力」(to be able to) の意味に使われているものが大部分であり，現代英語の may が持つ「推量」「許可」「祈願」の意味にまではほとんど進んでいない。must は，現代英語の意味用法に比較的近付いていて，「許可」「義務」を中心にして，「推量」の意味にまで進んでいる。総体的に見るならば，Chaucer よりも Wycliffe のほうが保守的で，古い意味用法を留めている，という結論になった。また，このような法助動詞の意味の変化がもたらされている時期に，14世紀の半ばに生まれたと考えられる be able to と，恐らく，同じ時期に現れた be mighty to というコロケーションの存在が言語事情を一層にぎやかにした。

　これらの法助動詞の動きを現代英語の視点から眺めるならば，can はやがて，may の意味を蚕食して「能力」の意味を持つようになり，may は「能力」の意味を can に譲り，その代わりに，must の意味を蚕食して「許可」の意味を持つに至るということになる。このように見てくると，これらの意味変化の中心に立っているのが，may であることがわかる。

　この第2章では，調査の対象を *The Wycliffite Bible*（以下，*WB* と略記）全体に広げ，さらに，*The Canterbury Tales*（以下，*CT* と略記）

を新しい視点から調べ直し，後期中英語の特徴をより鮮明に描きだそうと考えている。

WB の may を調べてみると，いくつかの興味深い特徴に気付く。すなわち，原形は mow(e) であり，shall mow(e) という二重法助動詞の形で比較的多く使われていること。さらに，人称が単数である場合には，may または mai となるが，複数の場合には，moun または mown が使われていて，これらが，中英語期の標準的な屈折語尾の変化に沿いながらも，徐々に平準化の方向に進んでいること，さらには，本動詞の時代の現在分詞および過去分詞の形を依然として持っていて，独特の統語的な振る舞いをすること，などがわかってくる。

語形についても一言しなければならない。語形が統一されていなかった中英語の時代には，may にも数多くの異形態が存在した。そこで，どの語形を代表形，つまり，見出し語にするかについても現代の辞書にはばらつきがある。*The Oxford English Dictionary* (*OED*) では，may を見出し語にしているが，The University of Michigan Press の *Middle English Dictionary* (*MED*) では，中英語の見地からであろうか，mouen を見出し語にして，may はむしろ，その下位語の扱いになっている。この章では，上記のような興味深い特徴を持つ may の様態を，Chaucer の著作群よりも顕著な傾向を示していると考えられる *WB* を中心にして調べ，最後に，can および be able to との意味用法の連関について述べることにする。

テキストは，第 1 章と同様，Forshall, J. and Madden, F. (eds.), *The Holy Bible, Containing The Old and New Testaments, with the Apocryphal Books, In the Earliest English Versions made from the Latin Vulgate by John Wycliffe and his Followers*, Oxford University Press, 1850 (reprinted in 1982) である。2 種類の訳，つまり前期訳 (Early Version) と後期訳 (Later Version) とがあるが，本章では，主として後期訳を調査の対象にした。しかし，前期訳に出ていて後期訳に出ていないもので重要と思われるものについては，その旨を明記して前期訳を用いることにした。

Chaucer の *The Canterbury Tales* のテキストも第 1 章と同様, Benson, L.D. (ed.) *The Riverside Chaucer* (Third Edition), Houghton Mifflin Company, 1987. を主として用いた。

2.1 may の形態的特徴

中英語期は語形の平準化が急速に進んだ時代であると一般に言われているが, 表 2.1 と表 2.2 とを比較して分かるように, *WB* は, 1 人称単数および 3 人称単数で平準化の兆候を現しながらも, 大半は, 中英語期の標準的な形を留めている。とりわけ, *WB* がイギリス中南部にある Oxford を中心にして, その翻訳事業がなされたことから, 中部方言の特徴をより強く留めていることがわかる。

表 2.3 は *WB* と *CT* との比較表であるが, *CT* のほうが平準化の程度が進んでいることがわかる。

表 2.1 *The Wycliffite Bible* における may の形態別頻度

形態・機能		語　形	頻度
原形		mow [mowe]	63
現在分詞形		mowende	2[(1)]
過去分詞形		moght	1
現在形	1 人称単数	may [mai]	46
	2 人称単数	maist [maiste, mayst]	37
	3 人称単数	may [mai]	224
	複数	moun [mown, mowen]	163
過去形	1 人称単数	myghte [mighte, myght]	8
	2 人称単数	myghtist [mightist]	3
	3 人称単数	myghte [mighte, myght]	82
	複数	myghten [mighten]	91
計			720

NB: 表 2.1 の語形は最も頻度が高いものを見出し語とし, 他のものを頻度順に並べてある。

表 2.2　中英語の方言別動詞語形変化表 [2]

		北部	中部	南部
原形		—	-(e)n,-e(n)	-(e)n
現在形	1 人称単数	-(e)	-(e)	-(e)
	2 人称単数	-(e)s	-est	-(e)st
	3 人称単数	-(e)s	-(e)th	-(e)th
	複数	-(e)s	-en	-(e)th
過去形	1 人称単数	-(e)d; -t	-(e)de; -te	-(e)de; -te
	2 人称単数	-(e)dest	-est	-est
	3 人称単数	-(e)d; -t	-(e)de; -te	-(e)de; -te
	複数	_; -(e)de(n)	-en	-en

NB: ダッシュ（_）は語基のみになっていることを示している。

表 2.3　*The Wycliffite Bible* と *The Canterbury Tales* における may の語形比較

		The Wycliffite Bible	*The Canterbury Tales*
原形		mow	mowe
現在形	1 人称単数	may	may
	2 人称単数	maist	mayst
	3 人称単数	may	may
	複数	moun	may
過去形	1 人称単数	myghte	myghte
	2 人称単数	myghtist	myghtest
	3 人称単数	myghte	myghte
	複数	myghten	myghte

　さらに，表 2.3 をやや詳しく分析してみると，次のようなことがわかる。

　CT では，次頁の (1) にあるように，shall mowe はわずか 1 例に過ぎない。

(1) a. ...In muchel suffrynge shul manye thynges falle unto thee whiche thou *shalt nat mowe* suffre.
    b. While you are enduring many sufferings, many things which you *cannot* endure will fall upon you[3]. (*CT* VII 1465)

一方,*WB* では原形 mow(e) が 63 例,さらに,複数現在形に moun が 163 例あるという具合に,古い語形が多用されている点が *CT* とは異なっている。さらに,*CT* では,複数過去形が myghte に統一されていて,-en 形が存在しない。複数現在形が may に統一されていることを考え合わせてみると,平準化が *WB* よりもかなり進んでいることがわかる。

2.2 may の統語的・意味的特徴

WB における may の統語的特徴と意味的特徴を,may の形態・機能に分けて記述することにする。

以下に例を挙げるが,特に断らない場合には,(a) が *WB* であり,(b) は現代英語の意味を知る上で参考になると思われる *The New English Bible* (1970)(*NEB*) からの引用である。

2.2.1 本動詞としての用法

中英語期では,may は本動詞から法助動詞への移行の時代であり,*WB* でもその例を見ることができる。*NEB* の例でもわかるように,本動詞として用いられていた may は現代英語の 'be able to do' という意味を持っていた。

(2) a. Therfor if ye *moun not* that that is leest, what ben ye bisie of othere thingis?
    b. If, then, you *cannot do* even a very little thing, why are you anxious about the rest? (Luke 12.26)

(3) a. Y *may* alle thingis in hym that coumfortith me.

　　b. I *have strength for* anything through him who gives me power.

(Phil. 4.13)

(3a) は Tyndale では (4) のようになっている [4]。

(4) I can do all things through the help of Christ which strengtheneth me.

2.2.2　may の原形 mow(e) の用法

WB では，may の原形として mow または mowe の2つの語形が用いられている。以下の3つの用法がある。

(i)　shall と共起して二重法助動詞の構造になる。

(ii)　条件節の中で仮定法現在を表す。

(iii)　To 不定詞となる。

2.2.2.1　shall と共起して二重法助動詞

will との共起はない。意味的には，単独の may とほとんど変わらないように思われる。ちなみに，*CT* ではこの用法はすでに述べたように1例だけである。*WB* の例を挙げてみる。

(5) a. ...thou *schalt not mowe* stonde bifor this enemyes...

　　b. ...you *cannot* stand against your enemies...　　(Joshua 7.13)

(6) a. ...whereof *schal* a man *mowe* fille hem with looues here in wildirnesse?

　　b. How *can* anyone provide all these people with bread in this lonely place?　　(Mark 8.4)

(7a) のように，mai と mow とが共起している特殊なもの，つまり，redundance が見られる例であるが，前期訳 (7c) では shal moun であ

ったものが，どういう理由でこのようになったのか解釈に苦しむ。

(7) a. ...and he *mai not mow* be hid.
    b. ...and he *has nowhere to* conceal himself.
    c. ...and he *shal not moun* be coouered. (Early Version)

    (Jeremiah 49.10)

(7a) と (7c) が，我々を戸惑わせる理由は，Early Version の shal moun の方が，Later Version の mai mow よりも統語的には，進んだ形であると考えているからである。しかし，どちらが進んだ形なのかを証明することは，多くの関係する要因を細密に検討していかないといけないので，相当の忍耐を必要とする。この問題はまた，別の視点からも見ることができる。それは，テキストそのものに疑いの目を向けることである。テキストの Forshall & Madden 版 (1850) が完全無欠のものであるとは，編者でさえ思っていないであろう。Hudson (1988, p.239) は，Forshall & Madden 版を高く評価しながらも，資料の仕分け作業の行程で，前期訳と後期訳を逆のグループに入れてしまって，後代の研究者に混乱を生じさせている，と述べている。Hudson の指摘が (7a) と (7c) の関係についても当てはまるかもしれないのである。

2.2.2.2 条件節の中での仮定法現在

Wher (= Whether), Lest などに導かれた条件節の中で用いられている。

(8) a. ...*Wher* Y *mowe* hele fro Abraham what thingis Y schal do, sithen he schal be in to a great folk and moost strong...
    b. ...*Shall* I conceal from Abraham what I intend to do? He will become a great and powerful nation... (Gen. 18.17)

31

(9) a. *Lest* aftir that he hath set the foundement, and *mowe* not perfourme, alle that seen, bigynnen to scorne hym...
   b. Otherwise, if he has laid its foundation and then *is* not *able to* complete it, all the onlookers will laugh at him. (Luke 14.21)

2.2.2.3 To 不定詞

may が中英語においては，can や must と同様に，法助動詞として用いられていながらも，動詞としての特徴を保持していた証拠の1つである [5]。

(10) a. ...which thing Y hileuynge thoughte to *mow* be doon bi thee.
   b. ...I secretly thought it *could* be done by you. (Jud. 13.7)[6]

(11) a. ...I deme neither the world him silf *to mowe* take tho bookis, that ben to be writun. (Early Version)
   b. ...I suppose the whole world *could* not hold the books that would be written. (John 21.25)

2.2.3 直説法現在

WB における may の出現頻度 720 のうち 470 (65.3%) が直説法現在である。

(12) a. Therfore thou schalt take with thee of alle metis that *moun* be stun...
   b. ...you take and store every kind of food that *can* be eaten... (Gen. 6.21)

(13) a. Be thou war diligentli, that thou do ech comaundement which Y comaunde to thee to dai, that ye *moun* lyue...
   b. You must carefully observe everything that I command you this day so that you *may* live... (Deut. 8.1)

(14) a. ...Whether the sones of sposailis *moun* faste, as longe as the spouse is with hem?
  b. *Can* you expect the bridegroom's friends to fast while the bridegroom is with them? (Mark 2.19)
(15) a. Ye *moun no*t serue to God and to ritchesse.
  b. You *cannot* serve God and Money. (Luke 16.13)

(13) は *NEB* では may になっており、「許可」の意味に解釈していると考えられる。この箇所は Tyndale (1992, p.268) も may を用いている。わずかながら意味の拡張の傾向を見ることができる。

(16) All the commandments which I command thee this day ye shall keep for to do ye *may* live[7]... (Tyndale) (Deut. 8.1)

2.2.4 直説法過去
WB では直説法過去が may の出現頻度の 25.6%(184) を占めている。

(17) a. Forsothe Isaac wexe eld, and hise ithen dasewiden, and he *mighte not* se.
  b. When Isaac grew old and his eyes became so dim that he *could not* see... (Gen. 27.1)
(18) a. ...and thanne thei *mighten not* drawe it for multitude of fischis.
  b. ...and found they *could not* haul the net aboard, there were so many fish in it. (John 21.6)
(19) a. And Y, britheren, *myghte not* speke to you as to spiritual man...
  b. ...my brothers, I *could not* speak to you as I should speak to people who have the Spirit. (I Cor. 3.1)

2.2.5 現在分詞形
現在分詞形は Later Version には使われていないように見える。

Early Version に (20), (21) のように 2 例ある。

> (20) a. ...*ne mowende* in the hous abide stille with hir feet...
>   b. (a woman) *never content* to stay at home...　　(Prov. 7.11)
> (21) a. ...doumble dogges *not mowende* berken...
>   b. (They are) all dumb dogs who *cannot* bark...　　(Isa. 56.10)

(20a) は，敢えて書き換えるならば，(a woman) being unable to stay at home... とすることができる。同様に，(21a) は，(They are) dumb dogs being unable to bark... となる。つまり，一種の後置修飾構造の働きをしているように解釈できる。

2.2.6　過去分詞形

過去分詞形は 1 度だけ (22) のようにヨブ記のプロローグの中で使われていて，完了 to 不定詞という複雑な構文となっている。

> (22) a. ...this oon I wot wel, me *not to han moght* remene...
>   b. ...this one I knew well, anyone *having been unable to* interpret...[8]
>
>   (Job Prologue)

2.2.7　may の統語的環境

may がどのような統語的環境の中で使われているかを見てみると，圧倒的に多いのは否定辞との共起である。すなわち，現代英語の cannot (= to be unable to) の意味で使われているのである。このことは，すでに挙げた例文を見てもわかる。既述の例文の中で肯定の may が使われているのは，(3), (6), (8), (10), (12), (13), (14) であるが，それぞれ理由があるように考えられる。(3) は，本来の能力というよりは，「キリストによって与えられた能力」という意味を持っている。(6) と (14) は疑問文であり，否定的な意味を持っている。(8) は条件節の中で使われており，仮定法現在である。(12) は「能力」という

よりは、「可能」を表している。(13) は「許可」の意味を表している。このように見てくると、may のほとんどは否定辞と共起するか、否定の意味を持った文の中で使われているという結論に導かれる。

2.3 may と can/be able to との関係

中英語期の may が持っていた 'be able to'「一般的能力」の意味は、「近代英語」への移り変わりの中で徐々に、can に引き継がれていくわけであるが、WB においては、can と be able to はどのような意味用法を持って使われていたのかについて、若干の考察を行い、may との関連性について見てみることにする。

2.3.1 *The Wycliffite Bible* および *The Canterbury Tales* における may と can の関係

WB における can の総数は原形、分詞、現在形、過去形のすべてを入れて 38 例であり、may (720 例) に比べて非常に少ない。can のすべてが 'to know (how to)' または 'to learn to' の意味で使われていることは次の諸例で理解できるであろう。

(23) a. Therfor if ye, whanne ye ben yuele men, *kunnen* gyue good giftis to youre sones....
  b. If you, then, bad as you are, *know how to* give your children what is good for them.... (Matt.7.11)
(24) a. And Y *can* also be lowid.
  b. I *know what it is* to be brought low. (Phil. 4.12)
(25) a. That ech of you *kunne* welde his vessel...
  b. ...each of you *must learn to* gain mastery over his body...
   (1 Thes 4.4)
(26) a. ...for if ony man *kan* not gouerne his house, hou schal he haue diligence of the chirche of God?

b. If a man does not *know how to* control his own family, how can he look after a congregation of God's people? (1 Tim. 3.5)
(27) a. Therfor it is synne to hym, that *kan* do good, and doith not.
   b. Well then, the man who *knows* the good he ought to do and does not do it is a sinner. (James 4.17)

(28) は動名詞として使われている例であり, knowing または understanding のように解釈できる。

(28) a. Also men dwelle togidre, and bi *kunnyng* gyue ye onoure to the wommanus freeltee...
   b. In the same way, you husbands must conduct your married life with *understanding*: pay honour to the woman's body...

(1 Peter3.7)

このように見てくると, WB においては may と can との意味用法の接近は観察できないということになる。この点において, CT には may と can の意味の近接を窺わせる 2 つの興味深い傾向が散見される。1 つ目は, (29)-(32) のように, 'be able to' と解釈できるような例が見られるようになっているということである。2 つ目は, (33) のように can と may とが並置される用法の出現である。

(29) a. Wel *koude* he synge and pleyen on a rote.
   b. He *was able to* sing and play on a stringed instrument[9].

(1(A)236)

(30) a. His lord wel *koude* he plesen subtilly./To yeve and lene hym of his owene good,/And have a thank, and yet a cote and hood.
   b. He *was able to* please his lord by lending him some of his own possessions and thus obtain thanks and a reward besides.

(1(A)610)

36

(31) a. So that I *koude* doon aught to youre plesaunce.
   b. So that I *could* do anything to your pleasure.   (1(A)1571)
(32) a. Or elles he is at his hous, certeyn./Where that he be, I *kan nat* soothly seyn.
   b. If not, he is certainly at home today./But where he is I *can't* exactly say.   (1(A)3669-70)
(33) a. Now help me, lady, sith ye *may and kan*.   (1(A)2312)
   b. Saleweth yow, as he best *kan and may*.   (V(F)112)
   c. Lente me gold; and as I *kan and may*.   (VII 354)

Benson (1987) は，この kan and may あるいは，may and kan に対して，'know how and can' という解釈を与えており，2つの語の意味が接近しつつあることを暗示しているように考えられる。

2.3.2 *The Wycliffite Bible* における **may** と **be able to** の関係

WB には，be able to 不定詞の形が 19 例ある。その中で，わずか1例であるが，may と be able to の意味の接近を窺わせるものがある。前期訳 (Early Version) と後期訳 (Later Version) とでは，法助動詞の使い方にはほとんど違いはないのであるが，(34) ではたまたま，may と be able to とが対比される形で出ている。(34c) は *NEB* である。

(34) a. ...in swerdis of stronge men Y shal cast doun thi multitude, alle thes folkis *ben vnexpugnable, or mowen not be ouercomen*.
   (Early Version)
   b. ...in swerdis of stronge men Y schal caste doun thi multitude, alle these folkis *ben not able to be ouercomun*. (Later Version)
   c. I will make the whole horde of you fall by the sword of warriors who are of all men *the most ruthless*.   (*NEB*) (Ezek. 32.12)

(34) の 3 つの文の斜体部分の意味が等しいものであるとするなら，

この部分をさらにパラフレーズすると,having been so ruthless that no human beings *had the power to* overcome (them) となるであろう。つまり, (34a.b) は現代英語の 'be able to' の意味を持っていると考えることができる。このように, *WB* における be able to は can に先立って現代英語の 'be able to' の意味をすでに持っていたと考えることができる。*MED* では, be able to の意味を大きく 2 つに分けて, 次のように記述している。

(i) having the power to do or become something
(ii) suitable for a use or purpose

WB に現れた 19 例の意味を検討してみると, (i)に属すると判断されるものが 18 例, (ii)に属すると判断されるものが 1 例であった。(35)-(39) の b はいずれも *NEB* からである。(文法上の役割の関係で be を欠くものも数に入れてあることをお断わりしておく。)

(i)に属するもの

(35) a. ...to the tyme that thei camen into a loond *able to* dwel yn....
 b. ...until they came to a land where they *could* settle....

(Ex. 16.35)

(36) a. And the kyng *seide to men able to be sent out, that stonden aboute hym.*
 b. He then turned to *the bodyguard attending him and said....*

(1 Sam. 22.17)

(37) a. Therfor thou schalt gyue to this seruaunt an herte *able to* be taught...
 b. Give thy servant, therefore, a heart *with skill to* listen....

(1 King 3.8)

(38) a. ...bitake then these to feithful men, whiche schulen be also *able to* teche othere men.
 b. ...put that teaching into the charge of men you can trust, such men as will *be competent to* teach others. (2 Tim. 2.2)

(ii)に属するもの

(39) a. And whanne the hauene *was not able to* dwelle in wynter, ful many ordeyneden counsel to seile fro thennus, if on ony maner thei mighten come to Fenyce....

b. ...and as the harbour *was unsuitable for* wintering, the majority were in favour of putting out to sea, hoping, if they could get so far, to winter at Phoenix.... (Acts 27.12)

2.3.3 *The Wycliffite Bible* における be mighty to について

前章で述べたように，現代英語の 'be able to' とほぼ同じ意味を表しながらも，特定の主語，すなわち，God, Jesus Christ など神的な存在に限定して使われている be mighty to 不定詞という独特のコロケーションがある。前期訳の旧約部分に3例，前後期訳の新約部分に11例見つかっている。新約部分のものについては，第1章でそのすべてを掲載してあるので，ここでは，旧約部分 (*WB*(1)) の3例だけを掲載しておく。

(40) a. That he [a bishop] *be mighty to* myche steren in holsum doctryne.... (*WB*(1) Pre. Jer.)

b. Nay, to this puple we *ben not myghty to* stye vp, for streager than we he is. (*WB*(1) Num. 13.32)

c. The whiche answerde, Shebolech, bi the same lettre an eere *not myghti to* bryngen out. (*WB*(1) Judg. 12.6)

(40)で，気付くことは，(40a) は主語が a bishop となっているので，上で述べたルールの通りであるが, (40b, c) はルールに従っていない，ということである。推測の域を出ていない解決法かもしれないが，次のように考えることができないだろうか。前期訳の時代にすでに，be mighty to というコロケーションはあったのだが，上のルールに従うようになったのは，前期訳の新約部分の翻訳に入ってからであ

る。あるいは，前期訳でも，旧約部分と新約部分では訳者が異なっていたからである。暫定的に，このように考えておくことにしたい。

現代英語ではすでに廃用となっているはずの be mighty to が，*The Holy Bible, New International Version* (*NIV*)(1973) で次のように復活していることを書き添えておきたい。

(41) The Lord your God is with you, he *is mighty to* save.

(*NIV*)(Zeph. 3.17)

2.4 まとめ

歴史的に見るならば，may および can は本動詞から始まり，古英語の時代から中英語の時代にかけて法助動詞化していったという事実は改めて述べるまでもないことであるが，その途上で，現代英語の法助動詞が持つ性質とは違った統語的振る舞いをも合わせ持っていたということは指摘する必要があるだろう。つまり，非定形動詞として他の法助動詞に後続することが認められていた時代があったということである。Visser (1963-73, §1649, §1685) によれば，can は主として con,conne,kunne という語形で，'shall can go','may can go' のような二重法助動詞として，古英語から中英語期に至るまで頻繁に使われていたという。さらに，may に関して言うならば，主として mow,mowe という語形で，'shall may go', 'shall may be cured' のような形で，中英語期に頻繁に使われていただけでなく，16世紀の半ばに至るまでも消滅しなかったという。注意しなければならないことは，can については，can 以外のどの法助動詞とも共起できるが，may は shall に限られているという点である [10]。

表2.1 から表2.3 で明らかなように，後期中英語期の代表的な作品である *WB* および *CT* は，中部方言に属し，接尾辞の屈折が平準化に向かっていることを確認した。統語的に見るならば，この平準化に伴って不定形の mow(e) が消失することになり，shall に後続す

る現象も消滅することになる。この現象は can の場合にも生じて，不定形の kunne も消失する。一方，意味の方から考えてみると，may はやがて，'be able to' の意味を can に譲り渡すことになる。大胆に推測するならば，mow(e) が担っていた 'be able to' の意味とその統語的な特徴を，mow(e) 自身の消失によって be able to というコロケーションに譲り渡し，その結果，be able to は準法助動詞として，can の補完形としての役割を果たすようになる。そして，準法助動詞としての地位を確立した be able to が，be mighty to の意味をも担って，初期近代英語の Tyndale 聖書や欽定訳聖書の中で，'have the divine power' という意味をも帯びて使われるようになったと考えられるのである。

今や，現代英語としての be able to は広い範囲の統語的文脈において使われていて，その持つ意味の範囲も can を凌ぐほどになっている[11]。後期中英語の時代は，そのような be able to の発展の端緒となった時代と位置付けることができるであろう。

注

(1) 現在形は後期訳にはないので，前期訳を援用した。
(2) 表2.2 は Blake (1992, p.137), Miyabe (1974, p.1 vi), 中尾 (1979, pp.141-142) を補正して作成した。
(3) (1b) は，文意に沿って行った私訳である。
(4) Daniell (1989, p.292)
(5) WB で使われている can (kunne) の to 不定詞の例を挙げておく。なお，must には to- 不定詞の用法は存在しない。

Forsoth I seie, bi the grace that is youun to me, to alle that ben among you, for *to* not sauere, or *kunne*, more than it behoueth for *to kunne*, but for *to kunne* to sobrenesse... (Early Version, Romans12.3)

(In virtue of the gift that God in his grace has given me I say to everyone among you: do not be conceited or think too highly of yourself; but think you way to a sober estimate... *NEB*)

(6) 例文 (10a) は外典のため，対応する文が *NEB* にないので，(10b) は私訳である。

(7) Daniell (1992, p.268)
(8) (b) は私訳である。
(9) (29)-(32) の b は，主として Benson (1987) の注，Coghill, N. (1951) および Wright, D. (1986) を参考にして現代英語に訳したものである。
(10) Visser (1963-73, §1627) は次のような興味深い例を挙げている。近代英語の時代に入ってからのことであるが，can の代用形とみなされるようになった be able to が，can に後続して 'You can never be able to pay me all' という統語形式になることが，16 世紀から 17 世紀末にかけて，少数ながら見られることを指摘している。
(11) 現代英語における be able to については，第 8 章を参照願いたい。

第3章 *Piers Plowman* には なぜ be able to が出てこないのか

一見，奇妙なタイトルだなあと思われる人が多いことであろう。後期中英語期の資料として *Piers Plowman* は，これまで扱ってきた資料と比べて，見劣りのしないくらい重要なものであると考えられる。そこで，この資料の中にも，be able to があるにちがいないと期待をして調べたが結果は頻度ゼロであった。皮肉なことに，第1章で扱った be mighty to が，主語には特別に制限をつけない仕方で，1回だけではあるが(1)のような形で使われている。(b は Schmidt 訳(1992)である。以後の例文も同様である。)

(1) a. Though ye be mighty[1] to mote beth meke in yowre werkes,
 b. Though power and influence in the law-courts may be yours, always act with humility.　　　　　　　　　(Passus 1.174)

be able to の頻度がゼロであったことを受けて，次のように考えた。結果は，期待に反していたわけだが，それでは，なぜ無かったかという理由を追究することも意義があるのではないか。考慮の結果，be able to と深い関わりを持つ can と may を手始めに調べてみることにした。

作業を始める前に，作家と作品について，若干の紹介をしておきたい。

Piers Plowman は，頭韻詩(Alliterative Poetry)であり，古英語の Beowulf にその特徴が見られるように，古ゲルマン系の作詩法にしたがって書かれたものである[2]。作者は William Langland とされているが，この人物の生年も没年も定かではない。一般的には，c.1330-c.1400 とされている。これは，Geoffrey Chaucer が c.1340-

1400 であるとされているので，まさに，このふたりは，同世代の詩人であったわけである。Chaucer の *The Canterbury Tales* が脚韻詩 (end rhyme) であるから，作詩法の異なる詩人が 14 世紀の後半に，いわば，双璧として活躍していたことになる。日本では，Langland を研究対象として取り上げることはあまりなかったが，イギリス本国では，単に，文学や言語学の方面からだけではなく，その時代のイギリス社会の様子が丹念に描かれていることから，歴史学や経済学，社会学等の研究者からも貴重な資料として用いられている。Chaucer がロンドンを中心にして活動していたのに対して，Langland はどうだったのであろうか。Burrow, J. A. and Turville-Petre, T. (1996[2], p.142) によれば，Langland はイングランドの西部で生まれ，人生の一部をロンドンで過ごしたものと考えられる，としている。また，Baldwin (2007, pp.5-6) は，彼がオックスフォードで教育を受けたことは確実であり，また，ロンドンの物価の安い地域であるコーンヒル (Cornhill) で家庭を営んだ，としている。*Piers Plowman* は恐らく同一人によって，少なくとも 3 回改訂作業が行われたようであるが，一般に，これを A-text, B-text, C-text と呼んでいる。Samuels (1963, p.94) は，*Piers Plowman* を方言学の立場から次のように述べている。

　　C-text は Langland の出身地である South-West Worcestershire の Malvern Hills で普及した。B-text は，広範囲に普及し，とりわけ Worcester および London で読まれた。A-text は England の中心部を外れて，South Sussex, Essex, Norfolk, Durham 等の地域の言語で書かれている。A-text は England 中心部には残存しない。他方，B-text, C-text は中心部で書かれたものが残っている。

　Samuels の記述に従えば，B-text が England 中心部で書かれ，広い地域で読まれていたと考えられる。
　そして，B-text だけが完結した作品になっており，他は未完である。

このようなことを考慮すると、B-text を資料とするのが適切であるということになる。テキストは、Skeat(ed. by) *The Vision of William concerning Piers the Plowman (B-text)* EETS (Oxford 1886) を主として用いた。また、A-text, B-text, C-text 全体を比較検討するためには、Schmidt(ed.) *Piers Plowman-a parallel-text edition of the A, B, C and Z versions* (Longman, 1995) を用いた。比較資料として、Schmidt 自身の現代英語訳の Piers Plowman (1992. Oxford Press) と、度々用いている Benson (ed.)(1987³) *The Riverside Chaucer* (Houghton Mifflin Company) に収められた *The Canterbury Tales*（以下、*CT* と略記）である。

3.1 may と can の頻度

B-text に出てくる may と can の頻度を *CT* の場合と比較してみることにする。このような表を作成する際に困るのは、分母に著しい違いのある場合である。ここでも、その問題に突き当たる。暫定的に総行数の補正を行ってみた。*CT* を B-text の長さに圧縮してみたのである。B-text: *CT*= 7,343 行：19,335 行であるので、*CT*/B-text = 3.88 となる。表 3.1 と表 3.2 の *CT* の値は、上段が補正値、括弧内が実数である。補正値の合計を見ると、驚いたことに may も can も、B-text と *CT* がほぼ等間隔で使われているということである。計算上は、B-text も *CT* も may については 33 行に 1 回、can については 79 行に 1 回の割合で使われていることになる。

表 3.1 B-text と *The Canterbury Tales* における may の頻度

	現在時制	過去時制	合　計
B-text	134	90	224
CT	169 (656)	55 (213)	224 (869)

表 3.2 B-text と *The Canterbury Tales* における can の頻度

	現在時制	過去時制	合計
B-text	70	22	92
CT	58 (656)	35 (135)	93 (361)

既に，第1章および第2章で明らかになったように，Wycliffe, Chaucer, Langland が活躍していた14世紀後半の時代は，may も can も古英語期の意味を引き継ぎ，may は一般的な能力「…できる」(be able to) に加えて，推量の意味も持っていた。一方，can は知的能力「…することを知っている」(know how to) を表すにすぎなかった。中尾 (1979, p.201) によれば，初期中英語の時代から，can も may と同様に一般的な能力の意味も帯びるようになったことになるが，調査の結果では，Wycliffe も Chaucer も，まだ，その段階に入っていないように考えられる。したがって，この時期に使用が始まったと思われる be able to というコロケーションの方が，can よりも早く一般的能力を表す語句として使われ始めたものと考えられる。

次の節からは，B-text が上記の記述に合致するかどうかを検証してみることにする。

3.2 be able to を意味する may と can

既に述べたように,*Piers Plowman* が書かれた時代はまさに, may と can が意味の拡張を行っている時代ということになるが, Wycliffe も Chaucer も調査の結果は,意味の拡張が目覚ましく進んでいるとは考えられないということであった。

では,*Piers Plowman* の場合はどうであろうか。論点をはっきりさせるために, may と can の両方が, be able to と同義となるものだけを集めて比較してみることにする。それぞれ,10例ずつを紹介してみるが, may はもちろんのこと, can の場合も,その他の例がまだまだ相当数あることをここで述べておかねばならない。(a が B-text, b が Schmidt の現代訳)

3.2.1 be able to の意味を持つ may

(2) a. Many of this maistres freris *mowe* clothen hem at lykyng, For here money and marchandise marchen togideres.

b. Many of these masters *can* afford to dress as they please because their costs and their earnings fit like hand in glove. (Prol. 62-3)

(3) a. And alle that hoped it mighte be so none heuene *mighte* hem holde, But fellen out in fendes liknesse nyne dayes togideres,

b. No heaven *was able to* hold angels whose hopes lay with this claim. But they fell the likeness of devils, for the space of nine whole days. (Passus 1.118-9)

(4) a. For goddes body *myghte* be of bred, withouten clergye,

b. Again, how *could* bread become the body of Christ without the help of learning. (Passus 12.87)

(5) a. For the pekok,and men pursue hym *may* noughte fleighe heighe; For the traillyng of his taille ouertaken is he sone,

b. If you chase a peacock, it's *unable to* fly up high, and because of its trailing tail you can quickly overtake it. (Passus 12.241)

(6) a. Of this matere I *myghte* make a long bible,

b. Now, there's a subject on which I *could* fill a fat volume!

(Passus 15.87-8)

(7) a. 'It is a preciouse present,' quod he 'ac the pouke it hath attached, And me there-myde,' quod that man '*may* no wedde vs quite, Ne no buyrn be owre borwgh ne bryng vs fram his daungere; Out of the poukes pondfolde no meynprise *may* vs fecche,

b. 'It is a precious gift', came his reply, 'but the Devil has staked a claim to it and, for that matter, to me as well! No pledge', he continued, '*can* obtain our release, and no man *can* stand surety for us, or rescue us from his power. (Passus 16.261-5)

(8) a. 'Allas!' I seyde 'that synne so longe shal lette The myghte of goddes mercy that *myght* vs alle amende!'

b. 'The pity of it!' I cried. 'Can[3] sin so long hold out against God's powerful mercy—mercy whose power *could* set all things right for us all? (Passus 16.270-71)

(9) a. Drede of desperacion dryueth a-weye thanne grace, That mercy in her mynde *may naught* thanne falle;

b. ...the terrible despairing that they feel serves to keep grace firmly at bay, so that the very thought of mercy *is unable to* make way into their minds. (Passus 17.308-9)

(10) a. 'I *may no* lenger lette,' quod he and lyarde he pryked,

b. 'I *can't* delay any longer!' the Samaritan cried: and spurring his mount. (Passus 17.349)

(11) a. Bothe fox and foule *may* fleighe to hole and crepe, And the fisshe hath fyn to flete with to reste,

b. Foxes and birds *can* creep, or fly, To a hole, or to a nest, Fishes with fins swim ceaselessly, (Passus 20.43-4)

48

3.2.2 be able to の意味を持つ can

(12) a. For in love and letterure the eleccioun bilongeth, For-thi I *can* and *can naughte* of courte speke more.

b. Electing the Pope belongs (does it not) to those endowed with love and learning; for which reason I *can*—I mean *can't*—say more about courts. (Prol. 110-12)

(13) a. This I trowe be treuthe; who *can* teche the better, Loke thow suffre hym to sey and sithen lere it after.

b. If anyone else *can* teach you better, make sure you let him have his say, and take the lesson to heart. (Passus 1.143-4)

(14) a. I *can nought* rekene the route that ran about Mede.

b. I *cannot* begin to enumerate all the crowds who thronged about Meed; (Passus 2.61)

(15) a. Excuse the, if thow *canst* I can namore seggen.

b. 'Defend yourself if you *can*' he said. 'there's no more I can say.'
(Passus 3.172)

(16) a. He was as pale as a pelet in the palsye he semed, And clothed in a caurimaury I *couthe* it *noughte* discreue;

b. His features were as pale as a cannon-ball of stone, and he seemed to be shaking all over. I *couldn't* begin to describe what he was wearing; (Passus 5.78-9)

(17) a. And thanne cam Coueytise *can* I *noughte* descryue So hungriliche and holwe sire Heruy hym loked.

b. And then Greed came forward, I *cannot* begin to describe old sir Harvey, his face looked so famished and caved-in.

(Passus 5.188-9)

(18) a. Ne nought on amonge an hundreth that an auctour *can* construe, Ne rede a lettre in any langage but in Latyn or in Englissh.

b. There's not one human in a hundred who *can* translate a text in any langage save Latin or English. (Passus 15.368-9)

49

(19) a. And hath saued that bileued so and sory for her synnes, He *can noughte* segge the somme and some aren in his lappe.

b. He *can't* say for certain how many they are, but a good number are wrapped there in his cloak. (Passus 17.28-9)

(20) a. For vnkyndenesse quencheth hym (the Holy Spirit) that he *can noughte* shyne Ne brenne ne blaze clere for blowynge of vnkyndenesse,

b. For what uncharitableness does is to extinguish him, so that his light *cannot* shine forth, his fire *cannot* burn or blaze up bright,such a fierce tempest does unkindness unleash.

(Passus 17.254-6)

(21) a. Conscience knoweth me wel and what I *can* do bothe.

b. Conscience knows me well; he's fully aware of what I'*m able to*. (Passus 20.335)

3.2.3 may と can の間に住み分けはあるか

合わせて20個の例文を見て、どのようなことが分かるであろうか。すでに、何度も述べているように、Wycliffe や Chaucer の場合には、may と can の意味の拡張はほとんど行われていない。それに比べて、Langland の場合は、少なくとも can の意味拡張は相当進んでいるという印象を受ける。したがって、現代英語に近い順に並べると、Langland > Chaucer > Wycliffe のようになるであろう。これは、ロンドンにどれだけの期間、住んでいたか、ということと関係がありそうである。本章のはじめに触れたように、Langland はロンドンのコーンヒルという比較的物価の安い地域で家庭を持ったようである。また、Chaucer は晩年、ロンドンに住まいながら Canterbury Tales の完成を目指したと伝えられている[4]。判断に、慎重を要することであるが、当時から交易流通の盛んであったロンドンが、言語変化の先導役を務め始めていたと考えることができないであろうか。さらに言うならば、ロンドンの英語が標準語となりつつあったのではな

いか，ということである[5]。

それでは，can が新たに，be able to の意味を持った場合，使い方に何らかの住み分けがあったのであろうか。まず，否定との関係はどうであろうか。挙げた 20 例のうちのほとんど，つまり，may の場合も，can の場合も，否定表現になっている。つまり，否定表現が can の特徴とはならない，ということである。

次に，動詞の選択に何らかの制限があるのだろうか。印象としては，can の方が，若干，制限を受けているように見える。ここに挙げていない be able to の意味を持つと考えられる can に導かれる動詞も含めて調べてみると，現代英語で言えば，say, speak, teach, tell など伝達動詞およびそれに近い動詞が目につく。一方，may の方は，それが見当らない。そうとは言え，選択制限があったと言えるほどのものではないと考えておきたい。

3.3 まとめ

以上の考察から，be able to が使われなかった理由を次のように考えてみた。

i．Langland が，生涯のどこかの時点で，ロンドンの一般庶民が住まう地域に家庭をかまえたことが確実であれば，ロンドン市民の言語に影響を受けたはずである。交易流通の盛んであったロンドンは，言語変化の面でも最前線にあったにちがいない。be mighty to が一度使われているくらいだから，be able to も知っていたはずである。詩の作成にあたって，be able to を使う必要性を感じなかった可能性がある。
ii．もしも，言語現象にも 3.1 で行ったように，統計学的な手法が適用できるとしたら，次のように，考えることができるであろう。*Piers Plowman* における be able to の生起率は $1/3.38 ≒ 0.296$ となり，*CT* には，be able to が 2 回使われているので，$2 × 0.296 = 0.592$ と

なる。1.0 に満たないということは，無くてもおかしくはない，ということになる。しかし，このような議論が正当性を得るためには，さらに，多角的な研究を行う必要があるであろう。

iii. be able to という語句が詩語としては，音韻上使いにくいのではないかとも考えられる。*The Canterbury Tales* でさえ，わずか2回，しかも同一文の中にあるだけである。

iv. can が新たに，be able to の意味を持つようになり，can か may を自由に使い分けて文章が書けるようになり，出来たての be able to を使わなくても文章表現に不自由を感じなかったのではないか。

注

(1) テキストでは mightful となっているが，脚注には，mighty と同意であることが書かれているので，本書第1章の記述と合わせる意味で mighty に補正した。

(2) Langland についての紹介文は，Schmidt (1992) と柴田 (1981) を参考にした。

(3) 原文にはないが，文の自然な流れを確保するために Schmidt が加えたものと考えられる。

(4) Chaucer については，本書第1章および Appendix を参照のこと。

(5) 標準英語 (Standard English) については，荒木・安井 (1992, pp.1389-92) 参照のこと。

第4章 *The Wycliffite Bible* と *The Works of Chaucer* における接尾辞 –able

　接尾辞 -able は英語史および文法上の特性という2つの観点から眺めてみると興味深い特徴を持っていることが分かる。英語史的な観点，すなわち，その起源をたどるならば Old French ないしラテン語に遡ることになるが，語源的には，形容詞 able とは直接的な関係はないとされている。その証拠には，接尾辞 -able のついた語のほうが，形容詞 able よりも古い歴史を持っていると考えられるからである。つまり，形容詞 able の初出 (c1338年)(*OED*，以下の3単語も同じ) よりも 接尾辞 -able の初出のほうが古いとみなされているからである。たとえば，changeable (c1250), perdurably (c1275), impossible (c1325) などである。しかし，その両者の関係がいつの間にか融合されて，概略「～できる」という意味のきわめて造語能力の高い接尾辞として，現代英語に至るまでに多くの派生語を生産してきたのである。接尾辞 -able の文法的特性は，後述するが，他の接尾辞に比べてより多くの特性を持っており，そのことが造語能力の高さに反映している。このように，通時的な観点および形態論的な観点から眺めてみると，able と -able のふたつを結ぶ時点が中英語 (ME) に帰着すると考えるのが自然のように思えてくる。つまり，その中英語の時代に，-able は少し遅れて入ってきた able と意味を共有するという事情のゆえに，一層その造語能力を高めていったものと考えることができる。

　この章の調査に用いたテキストは，第1章，第2章と同様に，Forshall, J. and Madden, F. (eds.), *The Holy Bible Containing The Old and New Testaments, with the Apocryphal Books, In the Earliest English Versions made from the Latin Vulgate by John Wycliffe and his Followers*, Oxford University Press, 1850 (reprinted in 1982) である[1]。Chaucer の

作品は，Benson, L.D. (ed.) *The Riverside Chaucer, Third Edition* (*CH*), Houghton Mifflin Company, 1987 である [2]。

初出の判定，現代英語 (PE) との対応などについては，*OED*, *Middle English Dictionary* (*MED*) および寺澤芳雄編『英語語源辞典』(*KDEE*) を主として典拠にした。

議論の展開の方法は，まず現代英語 (PE) における -able について形態，音韻，統語上の諸特性を整理する。その後で，時代を中英語に遡って，-able 付き派生語の分布状況を 2 種類のテキストを中心に分析し，さらに，PE における -able の特性と中英語における -able の特性とを比較検討して，造語のルールが確立される過程を探究する。

4.1 現代英語の -able の特性

接尾辞 -able は，語形成だけでなく，音韻論や統語論などの領域においても興味深い特性を持っている。Aronoff (1974, 1976), Bauer (1983), Chapin (1967), Marchand (1969), 並木 (1985), 大石 (1988), Quirk *et al.* (1985), Williams (1981) を参考にしながら，PE における -able および異形の -ible の特性をまとめてみるとおよそ以下のようになる [3]。

-able, -ible の特性

(i) 意味は，a) 〜されうる，b) 〜に適した，〜の価値がある，c) 〜しやすい。

(ii) 他動詞に付いて形容詞をつくる。通常受け身の意味を表す。
　(例) governable (= be governed), drinkable (= be drunk)

(iii) 自動詞に付いて形容詞をつくる。自動詞の場合には，前置詞を取らないもの (例 changeable, perishable) と，取るものがある。前置詞を取るものは 3 種類に分かれる。1) 前置詞が省略されて -able が付く場合 (例 reliable, dependable, dispensable), 2) 動詞と前

置詞の結合全体に -able が付く場合（(例) come-at-able（入手しやすい），gettable（得られる）），3) 動詞と前置詞の間に -able が付く場合

((例) accountable for（釈明する必要がある），liveable (= livable) with（一緒に暮らせる））

(iv) 名詞に付いて形容詞をつくる。

(例) actionable, copyrightable（版権取得可能である）

(v) 動詞に -able が付くときは，主として -ity が付いて名詞形になるが，時には -ness が付いて名詞形になることもある。名詞に -able が付くときには，まれに -ity が付くが，-ness がふつうである。Aronoff (1974, p.191) は名詞 + -able の場合は，-ness のみが可能であるとしているが，marriageability, dutiability のような例があり，必ずしもそうは言えない。

(vi) 逆成，つまり，接頭辞 + 動詞 + able の接頭辞が省略された形容詞もある。例：unflappable → flappable, impossible (a1325 Cursor Mundi) → possible (?1350-75)

(vii) 基体に -able が付くとき，少数の語を除いて，第 1 強勢に移動がないのでクラス II 接辞に属す。例外は，compáre:cómparable, rémedy: remédiable, prefér: préferable など [4]。

(viii) 最上級や only, last, next などによって修飾された名詞に後置することができる [5]。

the best possible use   the best use possible
the greatest imaginable insult   the greatest insult imaginable
the best available person   the best person available
the only suitable actor   the only actor suitable

4.2 *The Wycliffite Bible* と *The Works of Chaucer* の -able

4.2.1 *The Wycliffite Bible* と *The Works of Chaucer* における -able 派生語の比較

WB における -able 派生語の総数は 101 語であり,そのうち初出と推定されるものが,65 語ある。一方,*CH* における -able 派生語の総数は 38 語であり,初出と推定されるものが,18 語ある [6]。両方のテキストに出てくるものは 9 語である。これらを便宜上,番号を付してアルファベット順に示すと表 4.1 のようになる [7]。

表 4.1 *The Wycliffite Bible* と *The Works of Chaucer* における -able
(初出の語は※で示し,両テキストに出現する語は○で示してある)

	The Wycliffite Bible	*The Works of Chaucer*	対応する現代英語
1	※ abitable		inhabitable
2	※ acceptable		acceptable
3	※ beleeuable		credible
4	chaungable-while		mutually
5	※ chaungeablete		changeability, changeableness
6	※ chauntable		worthy to be recorded in song
7	※ contemptible		contemptible
8	※ corruptible		corruptible
9	couenable	○	suitable
10	couenably, couenabli	○	suitably
11	couenableness		suitableness
12	※ customable		customary
13	※ customableness		custom
14	※ defensable		capable of defence
15	delitable	○	delightful
16	※ desirable		desirable
17	※ despeirable		desperate
18	dispisable		worthy to be despised
19	※ enemyable, enmyable		hostile
20	※ execrable		execrable
21	impossible, inpossible		impossible

第4章 *The Wycliffite Bible* と *The Works of Chaucer* における接尾辞 –able

22	※ incomprehensible		incomprehensible
23	※ insolible		insoluble, indissoluble
24	※ irrevocable		irrevocable
25	merciable, mercyable	○	merciful
26	mesurable	○	measurable, limited, moderate
27	※ mesurably		measurably, moderately
28	noumbrable		capable of being numbered
29	※ ouertrowable		capable of being suspected
30	passible		able to suffer
31	peersable		able to pierce
32	※ persuable		persuasible
33	※ pesible		peaceable, peaceful, appeasable
34	※ pesibli, pesebli, peesibli, pesibleli		peaceably
35	※ pesibilte, pesybilte		peaceableness, calm, peace
36	possible	○	that be done
37	preyable		capable of being entreated
38	※ preysable		praisable, worthy of praise
39	profitable		profitable
40	profitablere		more profitable
41	※ profitabli		profitably
42	※ prouable		approved, able to be proved
43	※ reprehensible		reprehensible
44	repreuable		reprovable
45	※ sillable		ready to be sold
46	※ soietable		capable of being subjected
47	stable		steadfast
48	stabilly, stabli		steadfastly
49	suffrable		sufferable
50	※ toucheable		capable of being touched
51	tretable	○	able to be touched
52	※ unchastisable, unchaastisable		unchastisable, incorrigible
53	※ unable		unable
54	※ uncomunycable		incommunicable
55	※ uncomprehensible		incomprehensible
56	uncorrigible		incorrigible
57	※ uncorruptible		uncorruptible
58	uncouenable, uncouuenable	○	inconsistent, unfitting, inopportune

57

59	uncouenabli, uncouenably		inconsistently, inopportunely
60	※ uncoupable, unculpable		blameless
61	uncredible		incredible
62	※ uncurable		incurable
63	※ undepartable, unpartable		unpartible, indivisible
64	※ understandable		capable of understanding
65	※ undistriable		indestructible
66	※ uneymable		incapable of reckoning
67	※ unenarrable, unnarrable		that may not be told
68	※ unexpugnable		impregnable
69	unfilable, unfillable		insatiable
70	※ unhabitable, vnabitable		not habitable
71	※ unheleable		incurable
72	※ unleeuable		unbelieving
73	※ unmerciable		unmerciful
74	※ unmesurable		unmeasurable, immoderate
75	※ unmesurably		immoderately
76	※ unmouable, unmeuable, unmoevable	○	immovable, stable
77	※ unmouablenesse		immovableness
78	※ unnoble		ignoble
79	※ unnoblei, vnnobley		ignobly
80	unnoumbrable, vnnoumbreable		innumerable
81	unouerpassable		insurpassable, insuperable
82	unouertrowable		not capable of being suspected
83	unpesible		unquiet, restless
84	※ unpliable		unbending
85	※ unportable		insupportable
86	unpossible		impossible
87	unpreiable		incapable of being entreated
88	unprofitable		unprofitable
89	unresonable		unreasonable, irrational
90	※ unsaciable		insatiable
91	※ unscapable		inevitable
92	※ unserchable		unsearchable

第 4 章　*The Wycliffite Bible* と *The Works of Chaucer* における接尾辞 –able

93	unsuffrable, unsuffreable		intolerable
94	※ untellable		ineffable, that may not be told
95	※ untolerable		insufferable
96	※ untrowable, untrouable		not expected, incredible
97	unenkusable		impregnable
98	※ unuisible, unuysible		invisible
99	※ unwelewable		that may not fade
100	※ vengeable		able to take vengeance
101	※ wariable		execrable, reprochable
102		abhomynable	disgusting, detestable
103		※ agreeable	agreeable
104		※ agreeably	agreeably
105		※ amiable	amiable
106		※ credible	credible
107		dampnable	damnable, worthy of damnation
108		※ dampnably, dampnablely	damnably
109		deceyvable, desceyvable, dissevable	deceitful, deceptive
110		※ digestible	digestible
111		discordable	opposing, antagonistic
112		durable	durable
113		※ durabilite	durability
114		※ excusable	excusable
115		※ fusible	fusible
116		※ immoevablete	immovability
117		※ mutable	mutable
118		※ mutabilite	mutability
119		※ palpable	palpable
120		※ perdurable	perdurable, eternal
121		perdurably, perdurabely	eternally
122		※ possibli	possibly
123		※ possibility	possibility
124		semblable	similar
125		※ stability	stability
126		※ uncharitably	uncharitably

59

WB と *CH* における -able の語彙数は，重複する 9 語も含めて比較すると 101 対 38 となる。両テキストの総語数を考慮に入れずに，単純に比較するならば，*WB* のほうが約 2.7 倍となる。これは，*WB* がラテン語のウルガタ聖書 (the Vulgate) からの翻訳であったことと密接な関係がある。実際に聖書の数箇所について比較してみることにする。以下，a が *WB* の Early Version (*WB*1)，b がウルガタ (*VUL*)，c が *The New English Bible* (*NEB*) である。

(1) a. Be thei maad *unmouable* as a stoon, to the tyme, Lord, that thi puple passe;

  b. fiant *inmobiles* quasi lapis donec pertranseat populus tuus Domine

  c. ...they stayed *stone-still*, while thy people passed, O Lord, (Ex.15:16)

(2) a. ...for euery word schal not be *inpossible* anemptis God.

  b. ...quia non erit *inpossibile* apud Deum omne verbum

  c. ...for God's promises *can never* fail.　　　　　　(Luke 1:37)

(3) a. A! the highnesse, or depnesse, of the richesse of wysdom and kunnynge of God; hou *incomprehensyble* be his domes, and his wey is *unserchable*.

  b. o altitudo divitiarum sapientiae et scientiae Dei quam *inconprhensibilia* sunt iudicia eius et *investigabiles* viae eius

  c. O depth of wealth, wisdom, and knowledge in God! How *unsearchable* his judgements, how *untraceable* his ways!

  (Rome 11:33)

(4) a. ...that thei take a *coruptible* crowne, we forsothe uncorupt.

  b. et illi quidem ut *corruptibilem* coronam accipiant nos autem incorruptam

  c. They do it to win a *fading* wreath; we, a wreath that never fades.　　　　　　　　　　　　　　　　　　　(I Cor. 9:25)

(5) a. Lo! now a tyme *acceptable*, lo! now a day of heelthe.
   b. ecce nunc tempus *acceptabile* ecce nunc dies salutis
   c. In the hour of my favour I gave heed to you; on the day of deliverance I came to your aid. (II Cor. 6:2)

表 4.2 は, *WB* または *CH* が初出と推定される語を, 廃語 (obsolete) と判定されるものと, PE とに分類したものである。

表 4.2 初出と推定される -able 派生語 (PE はつづりを補正してある。)

			初出と推定される -able 派生語
The Wycliffite Bible を初出とする語	廃語		abitable, despairable, enemyable, infilable, overtrowable, sillable, soietable, uncommunicable (→ incommunicable), undistriable (→ undestructible), uneymable, unexpugnable (→ inexpugnable), unleevable, unmerciable (→ unmerciful), unnarrable, unnoble, unscapable (→ unescapable), untrowable (→ unbelievable), unwelewable, vengeable (→ vengeful)
	PEとなっている語	形容詞	acceptable, believable, chantable, contemptible, corruptible, customable, defensible, desirable, execrable, incomprehensible, insoluble, irrevocable, peaceable, persuasible, praisable, provable, reprehensible, touchable, unable, unchastisable, uncomprehensible, uncorruptible, unculpable, uncurable, understandable, unhabitable, unhealable, unmeasurable, unmovable, unpartible, unpliable, unportable, unsatiable, unsearchable, untellable, untolerable, unvisible, wariable
		副詞	measurably, peaceably, profitably, unmeasurably, unnobly
		名詞	changeability, customableness, peaceableness, unmovableness,

The Works of Chaucer を初出とする語	廃語		
	PEとなっている語	形容詞	agreeable, amiable, credible, digestible, discordable, durable, excusable, fusible, mutable, palpable, perdurable, semblable
		副詞	agreeably, damnably, possibly, uncharitably
		名詞	durability, immovability, mutability, possibility, stability

注目すべきことには，*CH* 初出には廃語はなく，すべてが PE として現在でも使われているという事実である。一方，*WB* は，廃語はかなりあるものの，初出の 7 割以上の 47 語が PE として使われいる。名詞に目を向けるならば，*WB* では，初出総数に比べて名詞の数は少なく，-ity と -ness の両方が使われているが，-ness のほうが多い。一方，*CH* では，すべてが -ity である。

4.2.2 *The Wycliffite Bible* における -able 派生語の特性

Quirk et al. (1985, p.1551) では -ness と -ity の違いについておおよそ，次のように説明している。-ness の付いた名詞形はあくまでも「臨時的；その場限りの (ad hoc)」という意味を持ち，基体の意味に段階的に近付く未完成の状態を表している。一方，-ity は基体の持つ意味の完成を表し，いわば画一的で制度化された面白味のない (institutionalized) イメージを持つ。したがって，-ity の場合は，辞書に登録された語という確立した地位を与えられているが，-ness の場合には，臨時的に形容詞に付いて，その形容詞の持つ意味を直接的に表現しようとする。

この Quirk らの考え方に従ってみると，*WB* の翻訳の姿勢，ひいては，聖書観が，用いる言葉にも反映しているのではないかと思わされるようになる。実際の事例は少ないが，名詞形を作るのに -ness のほうを好む傾向があるというのが 1 つの証拠である。さらに，接頭辞を見てみると，in- よりも，un- のほうがはるかに多い。Quirk et al. (1985, p.1551) は, in- と un- についても, -ity と -ness の関係と同様に意味の差があると述べている。すなわち, in- は外国風, un- は国内風 という定義を与えている。表4.2でも分かるように, *WB* は圧倒的に un- が多いのである。

4.3 まとめ

現代英語における -able 派生語の特性について若干の検討を加えた後, その知見を意識に留めながら *The Wycliffite Bible* を *The Works of Chaucer* と対比させながら -able 派生語について分析を行ってみた。

英語における -able 派生語の出現 (c1250) は形容詞 able の出現 (c1338) よりもおよそ 100 年も前であると推定される。したがって Wycliffe や Chaucer が著作や翻訳で活躍する頃には, -able 派生語はある程度普及していたのではないかと思われる [8]。しかしながら, 今回の調査で分かったことは, -able 派生語についても, Wycliffe と Chaucer の貢献は大きいと考えることができる。*WB* の初出は 65 語, *CH* の初出は 18 語である。しかも, これらのうちの大部分が現代英語にまで生き延びているのである。

Wycliffe と彼の信奉者たちの聖書翻訳の業績は, 比類なく偉大なものであったことは, ことさら多言を要しないであろう。本章で扱ったテーマはごく狭い範囲のものに限ったものであったが, そのわずかな作業を通じても Wycliffe たちの精神の偉大さを感じ取ることができたように思う。ラテン語を解さぬイギリス人同胞のために, 庶民のことばを使って翻訳を行うという業がどんなに困難な仕事であったかは想像もつかないほどである。翻訳をする中で新しい語を沢山生み出した。そのすべてを数えるならば, 恐らく千に近づくであろう。日常性を越えた聖書のことばを分かりやすく説明しようと努める中で生まれたことばであろう。この苦労は当然ながら統語法にも及んだであろう。統語法の調査については今後の課題にしたいと考えている。

注

(1) *The Wycliffite Bible* のテキストとしては,現在までのところ Forshall & Madden 版以外には典拠とすべきものが存在しない。Early Version と Later Version の 2 種類が平行して印刷されているが,本書では,提示されているデータは,特に断らない限り,双方共通のものである。

(2) Benson 版は現在までのところ,*The Works of Chaucer* としては,最大のものである。収録されている作品は,*The Canterbury Tales, Boece, Troilus and Criseyde, The Legend of Good Women, A Treatise on the Astrolabe, The Romaunt of the Rose* および Chaucer 作と推定されている短篇の散文と詩群である。

(3) -ible は,不定詞が -ire,-ere で終わるラテン語動詞の派生語尾で,意味は -able と同じである。-able は PE においても新語を造り続けているが,-ible 付きの派生語はほとんど固定化している。(*OED*)(*KDEE*)

(4) Aronoff(1974) は -able はクラス I 接辞とクラス II 接辞両方の性質を持っているとしているが,十分なデータを検討した結果の結論とは思えない。

(5) Quirk (1985) pp.418-9.

(6) *WB* または *CH* の初出以外の語はすべて,それ以前に存在していたものであることは言うまでもないことだが,これらの中の多くは PE として現在も用いられている。とりわけ,possible に至っては逆成で,impossible (a1300) から恐らく数十年遅れて出てきた語であるようだが(*OED* では 13__ と表記している),わずかな年しか隔てていないだろう *WB* にも *CH* にも使われるようになっている事実をみると,印刷術のなかった時代の語(ことば)の流通がどのように行われていたのかについて,本書とは直接関係のないことではあるが,新たな問題として興味を持たざるをえない。

(7) 便宜上,Chaucer からのデータは 102 番以降に示した。

(8) 形容詞 able については,第 1 章および第 2 章を参照願いたい。

第2部

神性を表すbe able to
―― Tyndale, 欽定訳聖書, Shakespeareの時代

第5章 欽定訳聖書における can と be able to

Wycliffe や Chaucer の時代,つまり,後期中英語の時代には,現代英語の can の意味は,大部分 may が担っていた。しかし,徐々に can が may の意味を蚕食して,近代英語期に入ってから,およそ1世紀を過ぎた頃には,can はほぼ完全に現今の意味を獲得するに至ったものと考えられる。ちょうどその時期に完成したのが欽定訳聖書 (*The Authorized Version of the Bible* 以下,*AV* と略記)である。1611年のことであった。King James の勅命によって47名からなる翻訳班が組織されて完成したので,別名 King James Version とも呼ばれている[1]。この時代は,また,Shakespeare (1564-1616) の時代でもあった。欽定訳聖書と Shakespeare が,現代英語の形成に大きな役割を果たしたことは改めて言及するまでもないことであろう。

本章は,欽定訳聖書における can と be able to の数量的分布と意味・用法の特徴を考察することによって,初期近代英語の特質の一部を明らかにしようという目的を持っている。

AV の英語と現代英語の法助動詞に関する差異を知るために,*The New English Bible*(以下,*NEB* と略記)を対照資料として用いた。テキストは,*AV* のほうは,数種類のものを比較して異同なきを確かめた上で,Cambridge University Press 版を用いた。*NEB* のほうは,Oxford と Cambridge が共同で印刷出版した,1970年版(初版)のものである。

5.1 can と be able to の統語構造

5.1.1 can と be able to の統語構造の数量的分布

最初に,*AV* および *NEB* における can と be able to の統語構造の数

量的分布を把握しておくことにしよう。表示するにあたり，項をどのように立てるかがまず問題になる。can と be able to の両方に共通の項目として立てられるのは，現在時制と過去時制の2項目に過ぎない。あとは，それぞれ独自の項目を立てなければならない。すなわち，can の場合は，仮定法の中で使われる2種類の could, つまり，仮定法の could と仮定法の could + have + en の2つの項目である。一方，be able to についても独自の項目を必要とする。それは，can の代用形としての働きで，整理をすると，have + en, 法助動詞と共起，非定形という3つの項目を立てればよいことになる。縦軸には，平叙文か疑問文か，肯定か，否定かの組合せで4つの項目を作ればよいことになる。なお，感嘆文は平叙文に組み入れた。

表 5.1 *AV* における can の分布

	現在時制	過去時制	仮定法の could	仮定法の could+have+en	合計
平叙文・肯定	28	12	4	1	45
疑問文・肯定	75	1	0	1	77
平叙文・否定	168	78	3	0	249
疑問文・否定	1	1	0	1	3
合　　計	272	92	7	3	374

表 5.2 *NEB* における can の分布

	現在時制	過去時制	仮定法の could	仮定法の could+have+en	合計
平叙文・肯定	165	24	22	3	214
疑問文・肯定	198	6	10	2	216
平叙文・否定	221	73	4	1	299
疑問文・否定	6	4	0	1	11
合　　計	590	107	36	7	740

表 5.3 *AV* における be able to の分布

	現在時制	過去時制	have+en	法助動詞と共起	非定形	合計
平叙文・肯定	28	18	0	14	7	67
疑問文・肯定	5	2	0	0	0	7
平叙文・否定	14	11	1	11	5	42
疑問文・否定	0	0	0	0	0	0
合　　計	47	31	1	25	12	116

表 5.4 *NEB* における be able to の分布

	現在時制	過去時制	have+en	法助動詞と共起	非定形	合計
平叙文・肯定	12	1	4	12	6	35
疑問文・肯定	1	1	1	2	0	5
平叙文・否定	2	6	5	14	3	30
疑問文・否定	0	1	0	0	0	1
合　　計	15	9	10	28	9	71

これらの表から読み取れることは以下のようになるであろう。

(i) can の頻度は，*AV* が *NEB* のほぼ 1/2 であるが，be able to のほうは，*AV* は *NEB* の 1.6 倍ある。

(ii) can は be able to よりも頻度ははるかに多く，*AV* ではおよそ 3 倍，*NEB* ではおよそ 10 倍である。

(iii) *AV* には，be able to が 116 例あるということは，非常に多いということである。can では表現しきれない意味・用法が，*AV* 独自にあったのではないかと推測できる。

(iv) be able to の現在時制と過去時制の頻度はそれぞれ，*AV* が *NEB* の 3 倍あるが，この部分を分析すれば，iiiの疑問が解ける可能性がある。

5.1.2 *The Authorized Version* と *The New English Bible* との統語構造の比較

上記の表に関する解釈にしたがって,現在時制と過去時制を重点的に調べてみることにする。

5.1.2.1 現在時制

現在時制のうち,AV, NEB ともに be able to を用いているケースが 10 例ある。例示すると次のようになる。

(以下,a が AV, b が NEB である。)

(1) a. If it be so, our God whom we serve *is able to* deliver us from the burning fiery furnace, and he will deliver us out of thine hand, O king....

b. If there is a god who *is able to* save us from the blazing furnace, it is our god whom we serve,and he will save us from your power, O king.... (Dan. 3.17)

(2) a. For in that he(Jesus Christ) himself hath suffered being tempted, he *is able to* succour them that are tempted.

b. For since he himself has passed through the test of suffering, he *is able to* help those who are meeting their test now.(Heb.2.18)

(3) a. Wherefore he(Jesus Christ) *is able* also *to* save them to the uttermost that come unto God by him.

b. ...that is why he *is* also *able to* save absolutely those who approach God through him. (Heb.7.25)

(4) ~ (6) に示すように,AV が be able to を使わず,逆に,NEB が使っているケースが 4 例ある。このことには,そうなった理由が考えられるが,のちほど検討することにする。

(4) a. And I have heard of thee, what thou *canst* make interpretations, and dissolve doubts: now if thou *canst* read the writings, and make known to me the interpretation thereof ....

b. But I have heard it said of you that you *are able to* give interpretations and to unbind spells. So now, if you are able to read the words and tell me what they mean.... (Dan 5.16)

(5) a. Who *can* have compassion on the ignorant, and on them that are out of the way....

b. He *is able to* bear patiently with the ignorant and erring, since he too is beset by weakness.... (Heb. 5.2)

(6) a. The Lord *knoweth how to* deliver the godly out of temptations, and to reserve the unjust unto the day of judgment to be punished.

b. Thus the Lord *is* well *able to* rescue the godly out of trials, and to reserve the wicked under punishment until the day of judgement. (2 Pet. 2.9)

5.1.2.2 過去時制

過去時制の頻度は,現在時制の 3/4 程度であるが,*AV* 対 *NEB* は現在時制の場合と同様に 3:1 である。そのうち両者ともに be able to を用いているのは,6 例である。例示すると次のようになる。

(7) a. And Moses *was not able to* enter into the tent of the congregation, because the cloud abode thereon, and the glory of the Lord filled the tabernacle.

b. Moses *was unable to* enter the Tent of the Presence, because the cloud had settled on it and the glory of the Lord filled the tabernacle. (Exod. 40.35)

(8) a. Who in the days of his flesh, when he had offered up prayers and supplications with strong crying and tears unto him that

was able to save him from death, and was heard in that he feared.

b. In the days of his earthly life he offered up prayers and petitions, with loud cries and tears,to God who *was able to* deliver him from the grave. (Heb. 5.7)

現在時制の場合と同様に、*NEB* が be able to を使っているのに対して、*AV* は、can を使っているケースが4例あった。そのうち、2例をここでは例示しておく。

(9) a. As for the Jebusites the inhabitants of Jerusalem, the children of Judah *could not* drive them out: but the Jebusites dwell with the children of Judah at Jerusalem unto this day.
b. At Jerusalem, the men of Judah *were unable to* drive out the Jebusites who lived there, and to this day Jebusites and men of Judah live together in Jerusalem. (Josh. 15.63)

(10) a. ...*couldest not* thou watch one hour?
b. *Were* you *not able to* stay awake for one hour? (Mark14.37)

さて、この時点で、統語構造と意味との関係で重要と思われることを指摘しておきたい。既に、第1章で述べておいたことであるが、*The Wycliffite Bible* の場合、「...が～できる」という可能性や能力を表す表現法として、may や can を使う代わりに、新しく登場した be able to が使われ始めたが、その時点では、まだ未熟な表現法であったように考えられる。その代わりに、be mighty to というコロケーションが使われている。とりわけ、主語が神ないし神に関わる人物、つまり、God, Jesus, bishop, 預言者などの時に、限定的に使われている。そして、その影響が、Tyndale を経由して、*AV* にまでも及んでいると判断される。ただし、Tyndale の時代になると、be mighty to というコロケーションは使われなくなり、be able to がとって変

わるようになった。つまり、be able to に特別の意味が付与されるようになったのである。この観点から、改めて、上記(1)-(10)を見てみると、*AV* を経由して *NEB* も、このルールにしたがっていることに気付くであろう。むしろ、*AV* のほうが、ルール違反であるように見える。しかし、それぞれが、文脈上、あるいは、統語上の理由を持っている。すなわち、(4a) の thou は王が、Daniel をあくまで輩下と見做した表現であるのに対して、(4b) は Daniel の霊性を認めた表現である。(5a) は任意の人を指す Who が主語であるためであり、(5b) の He は神性を帯びた大祭司を指しているためである。(6a) は、Wycliffe の kan(=can=know) という解釈を引き受けているためであり、(6b) は the Lord(=God) が主語である理由による。

5.1.3 法助動詞との共起

表 5.5 **be able to と法助動詞の共起**

	shall	will	should	may	must	can	total
Authorized Version	18	0	2	4	0	1	25
New English Bible	3	17	2	6	0	0	28

表 5.5 は、次の3点を教えてくれる。順次その理由を考えてみたい。

ⅰ．*AV* には、will + be able to の用例がない。
ⅱ．*AV* と *NEB* 双方に must + be able to の用例がない。
ⅲ．起こりえないはずの can + be able to が *AV* にある。

「ⅰ．*AV* には、will + be able to の用例がない。」について

現代英語では、一般に、will に比べて shall の方が頻度が少ないように感じるが、*AV* では、その逆になっている。これは、聖書の

荘重さを醸し出すための工夫のひとつであったと考えられる。人称に関係なく、shall を用いている。小野 (1984, p.33) は、Chaucer 作品の分析結果として、religious style の場合は、shall が多いとしており、AV は明らかにその伝統を引き継いでいると言うことができるだろう。これが、現代英語の *NEB* になると、(11)-(13) で示すように、その伝統は消えてしまっていることがわかる。(a が *AV*, b が *NEB*)

(11) a. ...peradventure I *shall* be able to overcome them and drive them out.
   b. ...then I *may* be able to fight them and drive them away.
(Num. 22.11)

(12) a. ...For I will give you a mouth and wisdom, which all your adversaries *shall* not be able to gainsay nor resist.
   b. ...because I myself will give you power of utterance and a wisdom which no opponent *will* be able to resist or refute.
(Ezek. 21.16)

(13) a. Above all, taking the shield of faith, wherewith ye *shall* be able to quench all the fiery darts of the wicked.
   b. ...and with all these, take up the great shield of faith, with which you *will* be able to quench all the flaming arrows of the evil one.
(Eph. 6.16)

「ⅱ. *AV* と *NEB* 双方に must + be able to の用例がない。」について

Brown Corpus で得た be able to を含む 241 個の文のうち、must + be able to が (14) のように 6 例ある。つまり、決して使われない表現ではないということになる。

(14) a. French traders *must* be able to offer a supply as abundant as the Carolinians and at reasonable prices.

b. A man *must* be able to say, Father, I have sinned, or there is no hope for him.
c. ...and he made it very clear that a man of learning *must* be able to do more than just quote the Commentaries of the Talmud in order to live.
d. For both economic and political reasons all segments of the population *must* be able to share in the growth of a country.
e. ...the worker *must* be able to shift the focus, back and forth between immediate external stressful exigencies....
f. In his great and glorious wisdom, he knew that our enemies the Israelites *must* not be able to read therein what we planned.
(Brown Corpus)

では,どうして,*AV* にも *NEB* にもないのであろうか。答えは下のどれであろうか。

① must に該当する意味を持つ文章が,聖書の中になかった。
② 編集・執筆者が must + be able to という連語を好まなかった。
③ 他の法助動詞が must に近い意味があり,その語のほうが,聖書にふさわしかった。

筆者は,③が答えであろうと考える。shall および should が must に近い意味を持っているのではないか。*OED* によれば,shall の見出しの項で,B. significance and uses. 3. *shall*: (used to express necessity of various things.) 'must', 'must needs', 'have to', 'am compelled to'; *should*: In statement of duty, obligation, or propriety; should = ought to のように定義されている。この定義によれば, shall は must と同等の「義務」の強さを表し,should は must よりも「義務」の強さは ought to と同等に弱い意味になる,と読み解くことができるであろう。

「ⅲ. 1例ではあるが, 起こりえないはずの can + be able to が *AV* にある。」について

問題になっているのは, 次の文である。

(15) And they (= locusts) shall cover the face of the earth, that one *cannot be able to* see the earth;　　　　　　　　(Exod. 10.5)

この形は, *AV* では, この箇所以外にはない。現代英語では言うまでもなく, 非文として片付けられるものであろう。実は, Shakespeare には2例あることを確かめてあるが, このことについては, 第7章で触れることにする。Visser (1963-73, III, §1738, §1746) には12例の収集があり, 現代英語では, tautological と解釈されるであろう, と述べるに留めている。筆者の見解は後述する。

5.1.4　仮定法現在の中での be able to

一般に知られているように, 仮定法現在は現代では廃用 (obsolete) になっているが, *AV* には, be able to を含んだ仮定法現在が8例ある[2]。そのうち4例を現代英語の *NEB* と比較してみる。

(16) a. ...and I will lead on softly, according as the cattle that goeth before me and the children *be able to* endure, until I come unto my lord unto Seir.
　　b. ...and I will go by easy stages *at the pace of* the children and of the livestock that I am driving, until I come to my lord in Seir.
　　　　　　　　　　　　　　　　　　　　　　　　　　(Gen. 33.14)
(17) a. And if he *be not able to* bring a lamb, then he shall bring for his trespass, which he hath committed, two turtledoves, or two young pigeons, unto the Lord....
　　b. But if he *cannot afford* as much as a young animal, he shall

bring to the Lord for the sin he has committed two turtle-doves
or two young pigeons.... (Lev. 5.7)

(18) a. If he *be able to* fight with me, and *to* kill me, then will we be your servants....

b. If he *can* kill me in fair fight, we will become your slaves....

(1 Sam. 17.9)

(19) a. ...and consulteth whether he *be able* with ten thousand *to* meet him that cometh against him with twenty thousand?

b. ...without first sitting down to consider whether with ten thousand men he *can* face an enemy coming to meet him with twenty thousand? (Luke 14.31)

5.1.5 分詞構文か，後置修飾か

(20) は，第2章ですでに論じた，いわゆる *The Wycliffite Bible* からの引用であるが，文中の able to は，文法的には，どのように説明すべきであろうか。

(20) And the kyng seide to men *able to* be sent out, that stonden aboute hym.... (1 Sam. 22.17)

現代英語の観点からすれば，これは形容詞の後置修飾である，と言うことになるであろう。恐らく，Wycliffe たちにとっては，流通し始めたばかりの 'be able to' という新しい表現法は，助動詞というよりは，形容詞の連語というふうに考えていたものと思われる。したがって，(20) は，Wycliffe らにとっても，我々現代人と同様に，形容詞の後置修飾であると解釈していたと考えてさしつかえないであろう。時代を下って，欽定訳聖書の時代に入ると，(21a), (22a) のような文に出くわす。そして，*NEB* は (21b), (22b) に見るように，*AV* を踏襲している。

(21) a. ...and he numbered them from twenty years old and above, and found them three hundred thousand choice men, *able to* go forth to war, that could handle spear and shield.

b. He mustered those of twenty years old and upwards and found their number to be three hundred thousand, all picked troops ready for service, *able to* handle spear and shield. (2 Chr. 25.5)

(22) a. And I myself also am persuaded of you, my brethren, that ye also are full of goodness, filled with all knowledge, *able* also *to* admonish one another.

b. ...my friends, I have no doubt in my own mind that you yourselves are quite full of goodness and equipped with knowledge of every kind, well *able to* give advice to one another.

(Rom. 15.14)

(21), (22) の場合は, (20) と異なり, 「,able to」のように, コンマが入っているので, 文法的には, 分詞構文の being が省略されたものというふうに理解すべきであろう。欽定訳には, コンマなし, つまり, 形容詞の後置修飾の構造はないのだが, 現代英語には, この構造も存続していることを証拠づける例が存在する。(23), (24) は, *NEB* からのものである。

(23) Send me then a skilled craftman, a man *able to* work in gold and silver, copper and iron, and in purple, crimson, and violet yarn....

(2 Chr. 2.7)

(24) He took away the chief men of the country, so that it should become a humble kingdom *unable to* raise itself but ready to observe the treaty and keep it in force.... (Ezek. 17.14)

5.1.6 神的な存在を主語とする be able to

すでに, 述べたように, *AV* の肯定平叙文の現在時制と過去時制

に使われている be able to のうちのかなり多くのものにおいて、主語が神的な存在を表すものに限られているということである。別の言い方をすれば、神的な存在が主語になる場合には、can は使われなかったということである。これは、第1章で述べたように、Wycliffe の聖書の時から引き継がれている。Wycliffe の場合には、当時は未発達であった be able to ではなく、be mighty to というコロケーションがその役割を担っていたが、Tyndale に引き継がれた時には、be able to が be mighty to にとって代わり、それが、欽定訳にも引き継がれ、さらに、*NEB* にも、そのすべてではないが、引き継がれているのである。1973年にアメリカで刊行され、現在もっとも広く使われているという *New International Version*(以下、*NIV* と略記)にも、be able to の伝統が (25) のように継承されている。ただし、(26) に示すように can が使われている場合もあり、百パーセント引き継がれているわけではない。

(25) a. If we are thrown into the blazing furnace, *the God* we serve *is able to save* us from it.... (Dan. 3.17)
  b. And if they do not persist in unbelief, they will be grafted in, for *God is able to graft* them in again. (Rom. 11.23)
(26) The man of God replied, "*The Lord can give* you much more than that." (2 Chr. 25.9)

NIV には、もうひとつ興味深い文章がある。Wycliffe 以降、使われていなかった be mighty to が次のように復活しているのである。

(27) The Lord your God is with you, *he is mighty to save*. (Zeph. 3.17)

5.2 can be able to の意味

すでに述べた (5.1.3) ように、現代英語では現れない 'can be able

to'の意味について考えてみたい。問題の文を再録するならば，次のようになる。

(28) (=(15)) And they (=locusts) shall cover the face of the earth, that one *cannot be able to see* the earth.... (Exod. 10.5)

*AV*全体を通じて，この1箇所だけに使われているのであるが，これをどのように扱うべきであろうか。Visser (1963-73: III. 1738, 1746)は既述のように，この形の意味について，PEでは，tautologicalに見える，とだけ記しているに過ぎない。*AV*刊行以来，400年が経とうとしているが，その間，この表現が問題にならなかったのはなぜであろうか。第6章で扱うことになるTyndaleはこの箇所を(29)のように書いている。

(29) ...and they(=grasshoppers) shall cover the face of the earth that it *cannot be seen*.... (Exod. 10.5)

(28)を誤記，誤植と考えずに，この箇所は，当時は *can* と *be able to* との間に微妙な意味の違いがあって，このように書かざるをえなかったのだと推測して，次のような解決案を考えてみた。

(30) one cannot be able to see the earth. = It is not possible that one is able to see the earth.

また，ableに関する *OED* の解釈は次のようになっている。

(31) Having the qualifications for, and means of doing anything, having sufficient power (of whatever kind is needed), in such a positions that the thing is possible for one; qualified, competent, capable.
(*OED*, ABLE a. 4a)

この解釈を参考にして，(30) を補正してみると，(32) のようになるであろう[3]。

(32) one cannot be able to see the earth. ≡ It is not possible that one has sufficient power to see the earth.

5.3 まとめ

欽定訳聖書 (*AV*) における be able to の特徴について箇条書きすれば，次のようになるであろう。

i．be able to の総数は，*AV* が 116，*NEB* が 71 で，*AV* が *NEB* の約 1.6 倍であり，can は逆に，*NEB* が *AV* の約 2 倍である。
ii．*AV* における be able to の総数は 116 例あり，can（総数 372）の約 1/3 である。これは，*NEB* の場合が約 1/10 なので，be able to が非常に多いということができる。特に，現在時制と過去時制の数が多いということは，can の代用形に留まらず，多くの場合，独自の意味・用法が付与されて使われていたと言うことができるであろう。
iii．ii に関連するが，be able to の独自の意味・用法とは，「神，あるいは預言者のような神から特別の使命を与えられた人を主語に取り，神の力，あるいは神的な力を発揮するという意味を持って使われている。」と言うことができるであろう。これは，Wycliffe では，be mighty to というコロケーションが，その意味・用法を担い，表現法としては，新参の be able to はむしろ別の役割を与えられていた。その意味・用法が，欽定訳の be able to に引き継がれ，現代の聖書にも影響を与えている。
iv．*AV* には，can be able to という特殊な形の用例が 1 回ではあるが出てくる。Visser (1963-73) はこの種の用例を 12 ほど提示し，現代英語では，tautological ということになる，と述べている。し

かし，ここでは，can も be able to も独自の意味を持って使われているという解釈をつけた。

注

(1) 欽定訳聖書の冒頭には，King James への献辞が書かれているが，終わりの部分で，この英語訳聖書を，王としての James に捧げるだけではなく，発起人であり，著者である James に捧げるという文面があり，King James が直接携わったわけではないが，いかに熱心にこの翻訳の仕事に関わったかがわかる。
(2) 仮定法の廃用に関しては，Barber, C. (1976, p.172) および Swan, M. (2005^3, §392) を参照願いたい。
(3) この問題についての筆者の質問に対して，*OED* の assistant editor を務める Alex Steer 氏から丁寧な回答をいただいたので，その一部を紹介する。

The phrase *can be able to* would generally be considered a tautology in modern English, since the main current senses of the verb CAN themselves connote ability, possibility, or power. There is, however, an older sense of CAN, also formed with an infinitive, meaning 'to know how (to do anything); to have learned, to be intellectually able'. This is the *Oxford English Dictionary's* CAN v. sense II.3, which it notes 'passes imperceptibly into the current sense'. The evidence from the early modern period suggests that this transition between senses was under way, and the phrase *can be able to* is an example of this change at work. Clearly the phrase from Exodus ('they shall cover the face of the earth, that one cannot be able to see the earth') cannot mean either 'one does not know how to be able to see the earth' or 'one is not able to be able to see the earth', It is somewhere between these two, meaning approximately 'one does not have the capacity to be able to see the earth'.

(以下省略)

第6章 Tyndaleの英訳聖書と欽定訳聖書における can と be able to

　聖書の英訳の歴史において，欽定訳聖書 (*The Authorized Version of the Bible*) は金字塔の地位を保ってきた。聖書をイギリスの一般大衆の手に届け，親しく読めるようにした功績はたいへん大きい。さらに，Luther がドイツ語の確立に貢献したように欽定訳聖書は英語の確立に貢献したと言っても過言ではないであろう。言うまでもなく欽定訳聖書は James I の命によってオックスフォード，ケンブリッジをはじめ当時のイギリスの碩学が結集し，数年の歳月を費やして 1611 年に完成したものである。欽定訳聖書には「翻訳者から読者へ」という比較的長い序文があるが，その中で，聖書を一般大衆に届けたいという熱い動機が以下のように書かれている。

　　Translation it is that openeth the window, to let in the light; that breaketh the shell, that we may eat the kernel; that putteth aside the curtain, that we may look into the most holy place; that removeth the cover of the well, that we may come by the water; even as Jacob rolled away the stone from the mouth of the well, by which means the flocks of Laban were watered. Indeed without translation into the vulgar tongue, the unlearned are but like children at Jacob's well (which was deep) without a bucket or something to draw with: or as that person mentioned by Esay, to whom when a sealed book was delivered with this motion, Read this, I pray thee, he was fain to make this answer, I cannot, for it is sealed[1].

　もし，William Tyndale (1494-1536) による英訳聖書が一般の目に触れないままであったならば，欽定訳聖書の地位は依然として不動

第6章 Tyndale の英訳聖書と欽定訳聖書における can と be able to

のものであったであろう。しかし, David Daniell によって現代のつづり字による新約聖書（1989年）および旧約聖書（1992年）が相次いで出版され, 欽定訳聖書と Tyndale 訳との比較検討が容易にできるようになり, その類似性のゆえに欽定訳聖書の地位が揺らぐ可能性が出てきている。

ここで Tyndale と彼の聖書の訳業の経緯及び欽定訳聖書との関係について, 主として Daniell (1989), Daniell (1992), Daniell (1994) に拠りながら若干触れておきたい。

Tyndale はオックスフォードとケンブリッジで大学教育を受けた後, 聖書研究と説教に打ち込んでいた。やがて原典からの聖書翻訳を思い立ち, 当時ロンドン主教であった Tunstall に翻訳の才能を認めてもらおうと, ギリシア語からの翻訳見本を持参したが強い拒絶反応に会ってしまった。そこでイギリス本国での聖書翻訳を断念し, 1524年にハンブルグに渡り, ローマカトリック当局の目を避けながら翻訳の仕事に打ち込み, ケルンに移り住んで, 新約聖書の印刷に取り掛かった。しかし, 裏切りに会い, ケルンを逃れてウオルムスに行き, 1526年に新約聖書の印刷を完成させた。イギリス本国に, 印刷された聖書を送ったところが, ロンドン主教がそれらを発見し, その大部分を焼いてしまった。1530年から1531年にかけてアントワープで旧約聖書の印刷にかかり, これを完成させ, さらに1534年には新約聖書の全面改訂版を印刷した。1535年にアントワープにおいて異端の廉で捕えられ1536年に火刑に処せられた[2]。

欽定訳聖書は Tyndale の死後70年を置いて1611年に出版されたものであるが, Daniell によれば, 欽定訳の80%は Tyndale 訳に負っているという[3]。しかも不思議なことに欽定訳の序文のどこにも Tyndale についての言及はなく, ましてや謝辞 (acknowledgment) などは見当たらない。これは Tyndale がルター派と目され, そのゆえに異端者であったという理由によったものと考えられている[4]。

以下に例示するような人口に膾炙している名句は欽定訳独自のものと思われてきたが, そのほとんどは Tyndale 訳から直接取り入れ

たものであると Daniell は言っている [5]。これは Tyndale 訳と欽定訳とを照合すれば容易に分かることである。

(1) a. And God said, Let there be light, and there was light,

(Gen. 1.3)
   b. Ask, and it shall be given you; seek, and ye shall find; knock, and it shall be opened unto you (Matt. 7.7)
   c. In him we live and move and have our being (Acts 17.28)
   d. Fight the good fight of faith; lay hold on eternal life

(1 Tim. 6.12)
   e. Behold, I stand at the door and knock (Rev. 3.20)
   f. And God shall wipe away all tears from their eyes (Rev. 7.17)

Daniell は指摘しなかったが，(1a)–(1f) のすべてが，単語は多少異なるが，*The Wycliffite Bible* に同一の構文を持つ文章がある。また，「目からうろこ」という日本人が馴染んでいる表現の出どころも，欽定訳 (b) ではなく，Tyndale 訳 (a) なのである。これもまた，*The Wycliffite Bible* に原形がある。

(2) a. And immediately there fell from his eyes as it had been scales, and he received sight,
   b. And immediately there fell from his eyes as it had been scales, and he received sight forthwith, (Acts 9:18)

最も顕著な例はマタイ 5 章から始まる「山上の垂訓 (the Sermon on the Mount)」である。まるで詩のように歌っているギリシア語原典を，Tyndale は見事な英語のリズムに移し換えることに成功している。欽定訳聖書はそれをほとんどそっくり取り入れている。以下に Tyndale 訳と欽定訳の順で「山上の垂訓」のはじめの部分を紹介してみる。

Tyndale訳

When he saw the people, he went up into a mountain, and when he was set, his disciples came to him, and he opened his mouth, and taught them saying: Blessed are the poor in spirit:for theirs is the kingdom of heaven. Blessed are they that mourn: for they shall be comforted. Blessed are the meek:for they shall inherit the earth.

欽定訳

And seeing the multitudes, he went up into a mountain:and when he was set, his disciples came *unto* him: And he opened his mouth, and taught them, saying, Blessed are the poor in spirit:for theirs is the kingdom of heaven. Blessed are they that mourn: for they shall be comforted. Blessed are the meek: for they shall inherit the earth.

上記を比較してみると，句読法の違いこそ若干あるにしても，斜体部以外はまったく同じである。単純に考えるならば，そっくりそのまま借用したのでは良心が咎めるのではじめの部分だけ少し変えたのではないかとさえ思える。

Tyndale訳と欽定訳との関係を簡単に見てきたわけであるが，両者の間にどれだけの類似性があるのかを知るためにはさらに突っ込んだ検討が必要であろう。本章は，第5章の欽定訳における can および be able to の資料を土台にして，この2つの法助動詞の使用状況を比較検討することを通して Tyndale 訳と欽定訳との類似性を調べたものである。はじめに統計的な比較を行ない，次に実際の文に即して統語的な比較を行なう。

6.1 Tyndale 訳と欽定訳の統計的比較

ここでは can と be able to の分布状況を統計的に比較検討する。Tyndale は既に述べたように新約聖書については全訳を行なえたが、旧約聖書についてはその訳業の途上で殉教の死を遂げたために残念ながら、焼かれずに残されているのは、旧約 39 書中 15 書の翻訳だけである(6)。したがって、これから比較検討の対象にするのは新約聖書全体と旧約聖書の Tyndale 訳相当部分についてである。

6.1.1 can の分布の比較

表 6.1 および表 6.2 はそれぞれ Tyndale 訳と欽定訳における can の頻度の分布を示したものである。両者の総数の値の近さを仮に類似値と名付け、総数同士を分数比で求めてみると、270/303 = 0.891 となる。後に、詳しく述べることになるが、この数字は同一箇所の重なり度を表していると読みとっても差し支えないように思われる。単純に言うならば、can に関する限り約 90 パーセントの箇所で重複していると言うことができる。表中の各項目の頻度についても一部を除いて著しい相違は見られない。

表 6.1 Tyndale 訳全体における can の分布

	現在時制	過去時制	仮定法の could	仮定法の could+have+en	合計
平叙文・肯定	30	15	3	1	49
疑問文・肯定	46	2	1	0	49
平叙文・否定	112	80	3	1	196
疑問文・否定	5	3	0	1	9
合　　計	193	100	7	3	303

表 6.2 欽定訳（Tyndale 訳相当部分の旧約及び新約）における can の分布

	現在時制	過去時制	仮定法の could	仮定法の could+have+en	合計
平叙文・肯定	18	11	2	1	32
疑問文・肯定	44	1	0	0	45
平叙文・否定	116	67	3	0	186
疑問文・否定	2	4	0	1	7
合　計	180	83	5	2	270

表 6.3 から表 6.6 は，旧約と新約に分けた分布表である．それぞれの総数の類似値は旧約が 0.884，新約が 0.895 となり，数値はほぼ等しい．

表 6.3 Tyndale 訳（旧約）における can の分布

	現在時制	過去時制	仮定法の could	仮定法の could+have+en	合計
平叙文・肯定	15	13	0	0	28
疑問文・肯定	16	2	0	0	18
平叙文・否定	26	40	0	0	66
疑問文・否定	0	0	0	0	0
合　計	57	55	0	0	112

表6.4 欽定訳（Tyndale訳相当部分の旧約）におけるcanの分布

	現在時制	過去時制	仮定法のcould	仮定法のcould+have+en	合計
平叙文・肯定	11	8	0	0	19
疑問文・肯定	15	1	0	0	16
平叙文・否定	31	33	0	0	64
疑問文・否定	0	0	0	0	0
合　計	57	42	0	0	99

表6.5 Tyndale訳（新約）におけるcanの分布

	現在時制	過去時制	仮定法のcould	仮定法のcould+have+en	合計
平叙文・肯定	15	2	3	1	21
疑問文・肯定	30	0	1	0	31
平叙文・否定	86	40	3	1	130
疑問文・否定	5	3	0	1	9
合　計	136	45	7	3	191

表6.6 欽定訳（新約）におけるcanの分布

	現在時制	過去時制	仮定法のcould	仮定法のcould+have+en	合計
平叙文・肯定	7	3	2	1	13
疑問文・肯定	29	0	0	0	29
平叙文・否定	85	34	3	0	122
疑問文・否定	2	4	0	1	7
合　計	123	41	5	2	171

6.1.2 be able to の分布の比較

表 6.7 および表 6.8 は，それぞれ Tyndale 訳と欽定訳における be able to の頻度の分布を示したものである。両者の総数の類似値は 0.897 となり，can とほとんど変わらない数値を示している。can と同様に約 90 パーセントの重なり度を示している。

表 6.7　Tyndale 訳全体における be able to の分布

	現在時制	過去時制	have +en	法助動詞と共起	非定形	合計
平叙文・肯定	28	8	0	8	9	53
疑問文・肯定	4	2	0	0	0	6
平叙文・否定	12	13	0	2	10	37
疑問文・否定	0	0	0	0	0	0
合　計	44	23	0	10	19	96

表 6.8　欽定訳（Tyndale 訳相当部分の旧約及び新約）における be able to の分布

	現在時制	過去時制	have +en	法助動詞と共起	非定形	合計
平叙文・肯定	24	18	0	11	8	61
疑問文・肯定	5	2	0	0	0	7
平叙文・否定	11	13	1	7	6	38
疑問文・否定	1	0	0	0	0	1
合　計	41	33	1	18	14	107

表 6.9 から表 6.12 は，旧約と新約に分けた分布表である。それぞれの総数の類似値は旧約が 0.918，新約が 0.870 となる。

表6.9 Tyndale訳(旧約)における be able to の分布

	現在時制	過去時制	have+en	法助動詞と共起	非定形	合計
平叙文・肯定	12	5	0	5	7	29
疑問文・肯定	2	2	0	0	0	4
平叙文・否定	10	7	0	2	4	23
疑問文・否定	0	0	0	0	0	0
合　計	24	14	0	7	11	56

表6.10 欽定訳（Tyndale訳相当部分の旧約）における be able to の分布

	現在時制	過去時制	have+en	法助動詞と共起	非定形	合計
平叙文・肯定	7	14	0	5	6	32
疑問文・肯定	3	2	0	0	0	5
平叙文・否定	7	7	1	4	4	23
疑問文・否定	1	0	0	0	0	1
合　計	18	23	1	9	10	61

表6.11 Tyndale訳（新約）における be able to の分布

	現在時制	過去時制	have+en	法助動詞と共起	非定形	合計
平叙文・肯定	16	3	0	3	2	24
疑問文・肯定	2	0	0	0	0	2
平叙文・否定	2	6	0	0	6	14
疑問文・否定	0	0	0	0	0	0
合　計	20	9	0	3	8	40

表 6.12 欽定訳（新約）における be able to の分布

	現在時制	過去時制	have +en	法助動詞と共起	非定形	合計
平叙文・肯定	17	4	0	6	2	29
疑問文・肯定	2	0	0	0	0	2
平叙文・否定	4	6	0	3	2	15
疑問文・否定	0	0	0	0	0	0
合　計	23	10	0	9	4	46

　can と be able to は現在時制または過去時制の場合，相互入れ替えが可能である場合が多いことは言うまでもないが，Tyndale 訳から見た場合，欽定訳では旧約，新約を合わせて can から be able to への入れ替えは 5 例，be able to から can への入れ替えは 7 例観察されている。これらの事情も含めながら，仮に can と be able to の総数を合わせた数値で類似値を求めてみると欽定訳／Tyndale 訳 = 377 ／ 399 = 0.945 となり，can と be able to とを合わせてみると，統計的には 95 パーセントの重なり度があるということになる。

6.2　Tyndale 訳と欽定訳の異同

　ここでは，Tyndale 訳と欽定訳との異同について can と be able to を中心にして調べてみることにする。Tyndale 訳（以下 *TYN* と略記）から見て欽定訳（以下 *AV* と略記）がどうなっているかを次の 8 つのケースに分け例を挙げて説明を行なう。

　　　TYN　　　　→　*AV*
① 　can　　　　→　can
② 　can　　　　→　be able to
③ 　can　　　　→　other forms
④ 　other forms →　can

⑤ be able to → be able to
⑥ be able to → can
⑦ be able to → other forms
⑧ other forms → be able to

6.2.1　can → can

Tyndale 訳 (a), 欽定訳 (b) ともに can が使われている例を挙げてみる。

(3) a. And what can I do this day unto these my daughters, or unto their children which they have born?
b. and what can I do this day unto these my daughters, or unto their children which they have born?　　　　(Gen. 31.43)

(4) a. neither shalt thou swear by thy head, because thou canst *not* make one white hair, or black:
b. Neither shalt thou swear by thy head, because thou canst *not* make one hair white or black:　　　　(Matt. 5.36)

(5) a. and no man could learn that song, but the hundred and forty-four thousand which were redeemed from the earth.
b. and no man could learn that song but the hundred and forty and four thousand, which were redeemed from the earth.(Rev. 14.3)

それぞれの文の前後を観察してみると，(3) は文頭が大文字であるか小文字であるかの違いだけで，あとは全く同じである。(4) は文頭が大文字か小文字であるかの違いと，斜体字の部分が若干違うだけである。(5) は斜体字の部分の違いと句読法の違いだけである。このように can の使用については完全に重なるもので，しかも前後の字句がほぼ一致するものは新約と旧約を合わせると 243 例ある。これを純粋な重複と考えるならば，Tyndale 訳における can の総数は 303 であるから 243/303=0.802 という値を得る。

6.2.2　can → be able to

Tyndale 訳 (a) の can が，欽定訳 (b) では be able to となっている例を挙げてみる。このケースは全部で 5 例あった。(以下，煩瑣を避けるために，相違する部分を斜体字で示すだけにする。)

(6) a. *And none* could answer him *again one* word: neither durst any from that day forth, ask him any more questions.
b. *And no man* was able to answer him a word, neither durst any *man* from that day forth ask him any more questions.

(Matt. 22.46)

(7) a. And they could not resist the wisdom, and the spirit, *with* which he spake.
b. And they were not able to resist the wisdom and the spirit *by* which he spake.　　(Acts 6.10)

(8) a. *What* not one *at all*, that can judge between *brother and brother*, but *one* brother goeth to law with *another*: and that *under* the unbelievers?
b. *no*, not one that shall be able to judge between *his brethren*? But brother goeth to law with *brother*, and that *before* the unbelievers.　　(I Cor. 6.5)

6.2.3　can → other forms

Tyndale 訳の can が，欽定訳では can および be able to 以外のものとなっている例を挙げてみる。このケースは全部で 55 例あった。

(9) a. For how can I go *unto* my father, and the lad not with me: lest I *should* see the *wretchedness* that shall come on my father.
b. For how shall I go *up to* my father, and the lad *be* not with me? lest *peradventure* I see the *evil* that shall come on my father.

(Gen. 44.34)

93

(10) a. Woe *be* unto the world because of offences. *Howbeit*, it cannot be avoided *but* that offences *shall be given*. *Nevertheless* woe *be* to t*he* man, by whom the offence cometh.

  b. Woe unto the world because of offences! *for* it must needs be that offences *come*; *but* woe to *that* man by whom the offence cometh! (Matt. 18.7)

(11) a. For if a man cannot rule his own house, how shall he *care for* the *congregation* of God.

  b. For if a man know not *how to* rule his own house, how shall he *take care of* the *church* of God? (I Tim. 3.5)

6.2.4 other forms → can

Tyndale 訳 (a) では can および be able to 以外のものであったものが, 欽定訳 (b) では can となっている例を挙げてみる。このケースは全部で 21 例あった。

(12) a. And Cain said unto the Lord: my *sin* is greater, than *that* it may be forgiven.

  b. And Cain said unto the Lord, My *punishment* is greater than I can bear. (Gen. 4.13)

(13) a. Now *then* let us go thither: peradventure h*e* shall show us *what* way we *may* go.

  b. now let us go thither; peradventure he can shew us *our* way *that* we *should* go. (I Sam. 9.6)

(14) a. Thomas *said* unto him: Lord we know not whither thou goest. *Also* how is it possible for us to know the way?

  b. Thomas *saith* unto him, Lord, we know not whither thou goest; *and* how *can we* know the way? (John 14.5)

6.2.5　be able to → be able to

　Tyndale 訳,欽定訳ともに be able to である例を挙げてみる。このケースは全部で 81 例あった。Tyndale 訳の be able to の総数は 96 であるから,これを基準にして純粋の重複率を求めてみると 81/96 = 0.844 となる。

(15) a. If thou shalt do this thing, then thou shalt be able to endure that *which God chargeth thee withal*, and all this people shall go to their *places quietly*.

　　 b. If thou shalt do this thing, *and God command thee so*, then thou shalt be able to endure, and all this people shall also go to their *place in peace*.　　　　　　　　　　　　　(Exod. 18.23)

(16) a. The sons of Ruben *of Gad and of* half the tribe of *Manasse, even of fighting* men able to bear *shield* and sword, and shoot with bow, *and taught to make war*, were four and forty thousand seven hundred and *three score* that went out to *battle*.

　　 b. The sons of Reuben, *and the Gadites, and* half the tribe of *Manasseh, of valiant men*, men able to bear buckler and sword, and *to* shoot with bow, and *skilful in war*, were four and forty thousand seven hundred and *threescore*, that went out to *the war*.　　　　　　　　　　　　　　　　　　　　(1 Chron. 5.18)

(17) a. For many I say unto you will seek to enter in, and shall not be able.

　　 b. for many, I say unto you, will seek to enter in, and shall not be able.　　　　　　　　　　　　　　　　　　　(Luke　13.24)

6.2.6　be able to → can

　Tyndale 訳の be able to が欽定訳では can となっている例を挙げてみる。このケースは全部で 7 例あった。

(18) a. even the children of the *Enakims*, *which* thou knowest and of whom thou hast heard say who is able to stand before the children of *Enack*?

   b. the children of the *Anakims*, *whom* thou knowest, and of whom thou hast heard say, Who can stand before the children of *Anak*! (Deut. 9.2)

(19) a. All these *being* men of war able to *order the array*, came to Hebron with *pure* heart, to make David king *upon* all Israel.

   b. All these men of war, *that* could *keep rank*, came with *a perfect* heart to Hebron, to make David king over all Israel.

(I Chron. 12.38)

(20) a. For they were not able to *abide* that which was *spoken*, if a beast *had touch*ed the mountain, it *must have been* stoned, or thrust through with a dart:

   b. For they could not *endure* that which was *commanded*, *And* if *so much as* a beast *touch* the mountain, it *shall* be stoned, or thrust through with a dart: (Heb. 12.20)

6.2.7 be able to → other forms

Tyndale 訳の be able to が,欽定訳では be able to および can 以外のものとなっている例を挙げてみる。このケースは全部で 8 例あった。

(21) a. *for I* am able to do you *evil*. But the God of your father spake unto me *yesterday* saying take heed that thou speak not to Jacob *ought save good*.

   b. *It* is in the power *of my hand to* do you *hurt*: but the God of your father spake unto me *yesternight*, saying, Take *thou* heed that thou speak not to Jacob *either good or bad*. (Gen. 31.29)

(22) a. for ye shall be able to *cast* out the *Cananites for all their* iron

96

chariots and *for all* they be so strong.

b. for *thou* shalt drive out the *Canaanites*, t*hough they have* iron chariots, and *though* they be strong. (Josh. 17.18)

(23) a. And he made a *gutter round* about the altar, able to receive two *pecks of corn*.

b. and he made a *trench* about the altar, as great as would contain two *measures* of *seed*. (I Kings 18.32)

6.2.8 other forms → be able to

Tyndale 訳が be able to および can 以外のものが，欽定訳では be able to となっている例を挙げてみる。このケースは全部で 21 例あった。

(24) a. There shall no man stand before thee, until thou have destroyed them.

b. There shall no man be able to stand before thee, until thou have destroyed them. (Deut. 7.24)

(25) a. *I trust* the Lord will be with me, *and* I shall drive them out as the Lord said.

b. *if so be* the Lord will be with me, *then* I shall be able to drive them out, as the Lord said. (Josh. 14.12)

(26) a. For God is of power to graff them in again.

b. for God is able to graff them in again. (Rom. 11.23)

6.3 まとめ

Tyndale 訳と欽定訳を can と be able to を中心にして比較検討してきたわけであるが，その結果，明らかになったことは，can についても be able to についても，少なくともその 80 パーセントが重複しているという事実である。さらに，その周辺を勘案すると，欽定訳

が Tyndale 訳と重複する聖書の部分は Tyndale 訳を出発点にして部分的な改訂を行なったに過ぎないと言うことができる。その証拠は枚挙に暇ないほどであるが，試みに，有名な放蕩息子の譬え話の後半部 (Luke 15.21-24) を比較してみることにする。

    And the son said unto him: father, I have sinned against heaven, and in thy sight, and am not more worthy to be called thy son. But his father said to his servants: bring forth that best garment and put it on him, and put a ring on his hand, and shoes on his feet. And bring hither that fatted calf, and kill him, and let us eat and be merry: for this my son was dead, and is alive again, he was lost , and is now found. And they began to be merry. *(TYN)*

    And the son said unto him, Father, I have sinned against heaven, and in thy sight, and am no more worthy to be called thy son. But the father said to his servants, Bring forth the best robe, and put it on him; and put a ring on his hand, and shoes on his feet: And bring hither the fatted calf, and kill it; and let us eat, and be merry: For this son was dead, and is alive again; he was lost, and is found. And they began to be merry. *(AV)*

両者の違いはわずかに下線部と句読法と大文字か小文字かの違いだけである。文の構造は全く同じである。欽定訳が独自に原典からの翻訳を行なったものであったとしたら，このような一致はありえなかったであろう。これほどまでに Tyndale 訳に負っていながら，なにゆえ一言も Tyndale についての言及がないのか，歴史の暗部を垣間見る思いがする。

注

(1) *THE HOLY BIBLE CONTAINING OLD AND NEW TESTAMENTS* (Cambridge) p. viii.
(2) 厳密にはティンダルは絞殺された後，火で焼かれた。Daniell (1994) p.383.
(3) Daniell (1992) p.x.
(4) Daniell (1989) p.xxviii
(5) Daniell (1989) pp.ix-x
(6) その15書とは Genesis, Exodus, Leviticus, Numbers, Deuteronomy, Josha, Judges, Ruth, I Samuel, II Samuel, I Kings, II Kings, I Chronicles, II Chronicles, Jonah である。

第7章 Shakespeare における can と be able to

　初期近代英語に留まらず，英語そのものの確立に貢献した双璧は欽定訳聖書と Shakespeare であることには異論はないであろう。しかし，第6章で見てきたように，欽定訳の名声には，Tyndale 訳が強力な後押しをしていることを忘れてはならないであろう。このような事情をかかえながらも成った欽定訳聖書は当時の文章体を代表し，一方，Shakespeare は当時の会話体を代表していると判断してよいだろう。しかも欽定訳が共同の仕事であったのに対し，Shakespeare の作品の大部分は個人の業績である[1]。したがって同時代のものではあっても，語彙のみならず，文の構造においても両者を際立たせる相違があってもおかしくはないであろう。それは，法助動詞の使用についても言えるはずである。ここでは，法助動詞のうち can および be able to の使用に焦点を当てて，両者の比較を試みる。Shakespeare については，Sonnets を除いた全作品を調査した[2]。

7.1　数量的考察

　表7.1 および表7.2 は，Shakespeare の作品を推定著作年代順に並べて，can および be able to の分布を示したものである[3]。be able to の場合は，出現ゼロの作品は省略した。表7.3 および表7.4 は欽定訳における can および be able to の分布を示したものである[4]。これらの表から以下に述べるようなことが読み取れるであろう。
(i) Shakespeare における can および be able to の分布は，著作年代によって著しく変化するというような傾向は見られない。ただし，作品間の can および be able to の多寡は，作品の長さや　作品の

内容に依存しているように観察される。

(ii) Shakespeare における can と be able to の比率は 74:1 である。これに対して欽定訳聖書の場合は 3:1 である。Shakespeare においては，can が実数においても，比率においても圧倒的に多いことがわかる。このことを，すでに述べたように Shakespeare の作品が当時の話しことばを代表し，欽定訳聖書が当時の書きことばを代表しているのではないかという推測と重ね合わせてみると，特に，現在時制および過去時制の be able to は書きことばの中で比較的よく用いられたのではないかと推測できる[5]。

(iii) can be able to は Shakespeare においては WT5.2.024 および AC1.4.078 に 2 回使われている[6]。欽定訳聖書では既述のように Exodus10.5 に 1 回使われている。

(iv) 仮定法の could は，欽定訳聖書では could 全体の 9.9% であるのに対し，Shakespeare では 60.8% と非常に高い率となっている。

(v) be able to の実数については，Shakespeare と欽定訳聖書とでは大きな隔たりがあるものの，be able to 全体に対する現在時制および過去時制とを合わせたものの比率は Shakespeare72.0% であるのに対して，欽定訳聖書では 67.0% で類似した傾向を表している。このことは，be able to が can とは別の意味領域を持っていることをうかがわせる。

表7.1 Shakespeare の作品における can の分布

書名略称	発表年	現在時制	過去時制	仮定法の could	仮定法の could+have+en	合計
2H6	1590-1	52	4	4	1	61
3H6	1590-2	41	2	5	0	48
Err	1591	13	6	3	1	23
GV	1591-2	50	4	2	1	57
1H6	1592	21	3	7	0	31
Ven	1592	16	3	2	0	21
R3	1593	49	4	2	2	57

TA	1593	26	1	3	1	31
LLL	1593-4	28	0	3	0	31
TShr	1594	25	3	3	0	31
Lucr	1594	17	6	4	0	27
MND	1594-5	32	3	5	0	40
RJ	1594-5	47	7	4	2	60
R2	1595	26	1	3	0	30
MV	1595-6	41	2	6	0	49
John	1595-6	32	4	10	0	46
1H4	1595-6	30	5	7	1	43
2H4	1597	42	8	1	1	52
MWW	1598	27	3	7	3	40
H5	1598	33	2	8	1	44
Ado	1599	39	2	11	1	53
JC	1599	21	9	4	0	34
As	1599	35	1	15	1	52
TN	1601	35	3	3	1	42
TCr	1601-2	24	5	4	1	34
All	1602	43	9	4	2	58
Ham	1602-3	45	6	20	0	71
MM	1603	30	1	6	0	37
Oth	1604	39	3	6	0	48
Tim	1604	33	6	4	1	44
Lr	1605-6	44	3	9	0	56
Mac	1606	28	6	6	0	40
AC	1606	35	5	5	0	45
Per	1608	58	3	4	0	65
Cor	1609	57	10	13	3	83
Cym	1610	49	9	4	2	64
WT	1611	41	4	8	2	55
Temp	1611	29	9	5	0	43
HS	1613	35	7	4	1	47
TNK	1613	38	2	14	3	57
合計		1406	174	238	32	1850

表7.2 Shakespeareの作品におけるbe able toの分布

書名略称	現在時制	過去時制	仮定法過去	法助動詞と共起	非定形	合計
2H6	3	1	0	1	0	5
3H6	0	0	0	1	1	2
GV	1	0	0	0	0	1
1H6	2	0	0	0	0	2
TA	1	0	0	0	0	1
TShr	1	0	0	0	0	1
MND	1	0	0	0	0	1
R2	0	0	0	0	1	1
MV	1	0	0	0	0	1
2H4	1	0	0	0	0	1
MWW	2	0	0	0	0	2
H5	0	0	1	0	0	1
All	1	0	0	0	0	1
AC	0	0	0	1	0	1
Per	1	0	0	0	0	1
Cor	1	0	0	0	0	1
WT	0	0	0	1	0	1
TNK	0	0	0	0	1	1
合計	16	1	1	4	3	25

表7.3 欽定訳聖書におけるcanの分布

現在時制	過去時制	仮定法のcould	仮定法のcould+have+en	合計
271	91	7	3	372

表7.4 欽定訳聖書におけるbe able toの分布

現在時制	過去時制	have + en	法助動詞と共起	非定形	合計
47	31	1	25	12	116

7.2 統語論的考察

7.2.1 can

ここでは，現代英語ではほとんどその用例を見ることのないものを挙げてみることにする。

7.2.1.1 現在時制および過去時制

現在時制と過去時制の間に統語論的な相違は認められないので，一括して検討する。

7.2.1.1.1 本動詞の省略

本動詞のないものが数例ある。欽定訳聖書には，この用法は見当らない。

(1) And they *can* well on horseback;
 (あの連中の馬術は大したものだ[7]。)　　　　(*Ham* 4.7.084)

(2) Ay me! I *can* no more.
 (ああ，私はもうだめだ。)　　　　(*2H6* 3.2.119)

(3) She never *could* away with me.
 (彼女はわたしのことだけは我慢できないということだった。)
 (*2H4* 3.2.196)

7.2.1.1.2 it cannot be

「ありえない」という不可能の意味を持つ表現として It cannot be が多用されている。現われ方としては，単独で用いられる場合と that 節を従える場合とがある。欽定訳聖書には，この用法は見当らない。

(4) *It cannot be*; some villains of my court are of consent and sufferance in this
(そんなことはありえない。この宮廷の下郎のなかに承知で見逃したものがいるにちがいない。)　　　(*As* 2.2.002-3)

(5) *It cannot be* this weak and writhled shrimps should strike such terror to his enemies.
(こんな弱々しい、しなびた小えびみたいな男がその敵を恐怖でおののかせるなんてありえない。)　　(*1H6* 2.3.022‐3)

(6) *It cannot be* that she hath done thee wrong.
(彼女があなたに不正をはたらくなんてありえない。)
(*Err* 5.1.135)

(7) for'*t cannot be* we shall remain in friendship, our conditions so diff'ing in their acts.
(というのは、我々の性格が非常に違った形で表に現われるから、きみとぼくとは長くはうまくやっていけないだろう。)
(*AC* 2.2.118-9)

7.2.1.2　仮定法の could

すでに数量的な考察で述べたように、Shakespeareにおける仮定法のcouldの頻度は、欽定訳聖書に比べて非常に高い。一般に、エリザベス朝では、仮定法は衰退の時期にあったとされる[(8)]。しかし、Shakespeareでは多用されていることがわかる。意味論的な考察は後で行うので、ここでは、仮定法のcouldはShakespeareの場合、会話に陰影を与え、また、活気を与えるのに貢献しているように思われるということだけを指摘しておく。

仮定法は、条件節をともなった、いわば、完全な形のものばかりでなく、現代英語ではほとんど見ることのできない、願望を表す主節 I would などに続く名詞節の中で用いられたり、非現実の意味を表す O,～! のような構文で多用されている。また、現代英語では同様にまれとなっている unless ～でも仮定法が使われている。これ

らは，仮定法過去と仮定法過去完了に共通に見られる傾向なので，ここでは一括して扱うことにする。

7.2.1.2.1　条件節の中で

(8) If your grace *could* but be brought to know our ends are honest, you'ld feel more comfort.
（私どもの善意がおわかりいただければ，少しはお心も安らぐことでしょうが。）　　　　　　　　　　　　*(H8* 3.1.153-5)

(9) If I *could ha'remembered* a gilt counterfeit, thou couldst not have slippt out of my contemplation.
（にせ金のことを思い出していたら，金メッキ野郎のおまえのことも忘れやしなかったんだがなあ。）　*(TCr* 2.3.027-8)

(10) Hadst thou been his mother, thou *could'st have better told*.
（おまえがあれの母親であったなら，もっと上手に話せたのに。）　　　　　　　　　　　　　　　　　　　*(2H6* 2.1.081-2)

7.2.1.2.2　名詞節の中で

(11) Would all other women *could* speak this with as free a soul as I do.
（あらゆる女が私のように曇りなき心をもってこのことばを言えたらいいのだけど。）　　　　　　　*(H8* 3.1.031-2)

(12) And yet methinks I *could* be well content to be mine own atorney in this case.)
（とは言え，今度ばかりは，自分の代理として自分のために感謝できればどんなにうれしかったことか。）　*(1H6* 5.5.120)

7.2.1.2.3　O, (that) の構文

(13) *O that* I *could* but call these dead to life!
（この二人の死者をよみがえらせることはできぬものか！）
(1H6 4.7.081)

7.2.1.2.4 unless 構文

(14) My eye's too quick, my heart o'erweens too much, *unless* my hand and strength *could* equal them.
（おれの目はせっかちすぎるし，心は高慢過ぎる，おれの手と力がそれに伴わないかぎりは。） *(3H6* 3.2.144-5)

7.2.1.2.5 独立した節で

(15) O, I *could* hew up rocks, and fight with flint.
（ああ，腹立ちまぎれに岩をたたき割り，石をたたきつぶしてやるか。） *(2H6* 5.1.024)

(16) A heavier task *could not have been imposed* than I to speak my griefs unspeak able.
（言語に絶する私の悲しみの数々を口にするほどつらいことはありません。） *(Err* 1.1.031 - 2)

7.2.2 be able to
7.2.2.1 現在時制

be able to の用例のうち，現在時制が占める割合は 64.0% であり，欽定訳聖書の場合 (40.0%) よりも高率である。実数においては，欽定訳聖書の 1/3 ではあるが，比率の高さは無視できないであろう。Shakespeare における 16 例の現在時制のうち，肯定形が 10 例，否定形が 6 例である。意味の上で，can との住み分けが存在している可能性が考えられるが，意味論的な考察は後で行うので，ここでは，be able to の現在時制が現代英語から見ると，やや特異と思われる言語環境で生じている例を見ておくことにする。

7.2.2.1.1 同一文中に can と be able to が存在する場合

(17) But your discretions better *can* persuade than I *am able to* instruct or teach.
（だが賢明なるおふたりのことだから，私からあれこれ教訓

めいたことを言わなくてもおわかりいただけよう。)

(*1H6* 4.1.158-9)

7.2.2.1.2　仮定節＋直説法帰結部

(18) Why, man, if the river were dry, I *am able to* fill it with my tears.
（川が干上がったら，おれの涙でいっぱいにしてやるし。）

(*GV* 2.3.059 - 61)

7.2.2.1.3　比較構文の中で

(19) I *am as able and as fit as* thou to serve, and to deserve my mistress' grace.
（おれだってあの人の好意を受けるだけの能力も資格もあんたに劣らずあるんだ。）　　　　　　　　　　(*TA* 2.1.033 - 4)

7.2.2.2　過去時制

be able to の用例のうち過去時制は次の1例にすぎない。欽定訳には31例もあるので，その違いは大きい。

(20) Thou hast appointed justices of peace, to call poor men before them about matters they *were not able to* answer.
（それからきさまは治安判事なんてものをおき，貧乏人を呼びだしちゃあ到底答えられないようなことを尋問させやがって。）　　　　　　　　　　　　　　　　(*2H6* 4.7.039-41)

7.2.2.3　仮定法過去

仮定法過去の用例が1例ある。欽定訳聖書には仮定法過去の例はない。

(21) Would I *were able to* load him with his desert!
（彼の真価に対する称賛の言葉はまだまだ足りない。）

(*H5* 3.7.081)

7.2.2.4 法助動詞との共起

法助動詞との共起は4例あり，そのうち2例がcanと共に用いられている。一般にbe able toはcanの代用形として，法助動詞との共起の出現率が高いことが予測されるであろうが，Shakespeareの場合はbe able toの用例全体の15.4%にすぎない。欽定訳の場合は，実数も多いし，比率も21.7%とやや高い。以下に，Shakespeareの用例すべてを載せておく。

(22) To-morrow, Caesar, I shall be furnish'd to inform you rightly both what by sea and land I *can be able to* front this present time.
(では，シーザー，現在の状況に対処して，海と陸とどれだけの兵力が動員できるか，明日になれば正確な数字がご報告できるだろう。)   (*AC* 1.4.077-8)

(23) that ballad-makers *cannot be able to* express it.
(これはバラッド作者たちもとうてい表現はすまい。)
(*WT* 5.2.024-5)

(24) Methinks the power that Edward hath in field *should not be able to* encounter mine.
(私には，エドワードが引き連れてきた兵力は，わが軍に敵しうるものではないと思う。)   (*3H6* 4.8.035-6)

(25) I *shall never be able to* fight a blow.
(おれには決闘などとてもできないよ。)   (*2H6* 1.3.215-6)

7.2.2.5 非定形用法

ここで言う非定形用法とは，原形不定詞，to不定詞，現在分詞，have + en, beの脱落などを意味するが，そのすべての用法があるわけではない。表7.5はShakespeare (Shak)と欽定訳(*AV*)との比較を表している。

**表 7.5 Shakespeare と欽定訳聖書における
be able to の非定形用法の分布**

	原形	to- 不定詞	現在分詞	have+en	be なし
Shak	0	0	0	0	3
AV	10	0	0	1	2

表 7.5 で分かるように,欽定訳聖書では原形不定詞の例が圧倒的に多い。これは,(26) に例示するように,すべてが仮定法現在の用法である。

(26) If he *be able to* fight with me, and *to* kill me, then will we be your servants
（おれと勝負して勝ち,おれを打ち殺すなら,おれたちはお前らの奴隷となる。） (I Sam.17.9)

興味深いことに,Shakespeare では仮定法現在の用例は見当らない。すでに見たように,Shakespeare には仮定法過去の be able to が 1 例あり,さらに,仮定法の could の頻度は欽定訳聖書に比べて非常に高いのであるから,仮定法現在の例がないというのは注目すべきことであろう。Shakespeare における be able to の非定形用法の 3 例は (27)–(29) に示すように being の脱落した分詞構文または後置修飾用法である。表 7.5 に示した欽定訳聖書の 2 例はいずれも being の脱落した分詞構文である。

(27) for upon these taxations the clothiers all *not able to* maintain the many to them longing, have put off the spinsters, carders.
（なにしろ今度の課税のため織物業者はいずれも下請けの職人どもを食わせていけなくなり,紡ぎ職や梳き職などを解雇しました。） (*H8* 1.2.030-2)

(28) His treasons will sit blushing in his face, *not able to* endure the light of day

(その光をまともに振り仰ぐことなどできず,やつの謀反は恥ずかしさに顔を赤らめるだけだ。) (*R2* 3.2.051-2)

(29) You have a father *able to* maintain you

(あなたを養うことくらいはできる父親をお持ちだ。)

(*3H6* 3.3.154)

7.3 意味論的考察

7.3.1 can の意味

7.3.1.1 現代英語における can

現代英語の can は次の3つの意味で用いられる[9]。

(i) 可能性

(30) Even expert drivers *can* make mistakes.

(31) Her performance was the best that *could* be hoped for.

この意味の場合には,一般に it is possible to ～で言い換えることができる。たとえば, (30) はつぎのようになる。

(30') *It is possible for even expert drivers to* make mistakes.

(ii) 能力

(32) *Can* you remember where they live?

(33) She *could* speak three languages by the age of six.

この意味の場合には,一般に be able to ～で言い換えることができる。たとえば, (33) は次のようになる。

(33') She *was able to* speak three languages by the age of six.

ただし，Quirk *et al.* (1985, p.222) が指摘するように，「能力」の意味は「可能性」の意味に包含されるとするならば，(i)と同様に it is possible to ～ で言い換えることも可能である。

(34) a. I *could* swim all the way across the lake.
b. *It was possible for me to* swim all the way across the lake.

(ⅲ) 許可

この意味では may がふつうであるが，can はそれよりも形式ばらない意味を持っている。

(35) *Can* we borrow these books from the library?
(36) In those days only men *could* vote in elections.

この意味での can は，be allowed to ～で言い換えることができる。

(35') *Are we allowed to* borrow these books from the library?

7.3.1.2 Shakespeare における can
7.3.1.2.1 能力の can

Shakespeare においても，can の多くは今日と同じように，「～することができる」という能力を表す意味に使われている。

(37) The devil *can* cite Scripture for his purpose.
（悪魔でも自分の都合に合わせて聖書を引用できる。）

(MV 1.3.093)

7.3.1.2.2 可能性の can

すでに，7.2.1.1.2 で挙げた it cannot be 「ありえない」という不可能を表す形が Shakespeare では多く使われている。

(38) (=(4)) *It cannot be*; some villains of my court are of consent and sufferance in this　　　　　　　　　　　　　　　　(*As* 2.2.002)
(39) (=(5)) *It cannot be* this weak and writhled shrimps should strike such terror to his enemies.　　　　　　　　(*1H6* 2.3.022)

この形は欽定訳聖書にも現代英語にもほとんど見ることのできないもので，暫定的な言い方になるが，Shakespeare 特有の表現法と言ってもよいのではないだろうか。その他にも可能性を表すと思われる例が多く見られる。それらが，否定文や疑問文に多いのは現代英語と同様である。

(40) He *cannot* be such a monster
　　（彼がそういう人非人であるはずがない）　　(*Lr* 1.2.105)
(41) *What can* happen to me above this wretchedness?
　　（私にとって，これ以上のみじめなことがありえましょうか。）
　　　　　　　　　　　　　　　　　　　　　　(*HS* 3.1.121-2)

7.3.1.2.3　許可の can

中尾 (1979, p.201) では，許可の can は 18 世紀以降に使われるようになったとしているが，*OED* では例文を提示していないが，1542 年が始まりと記している。Shakespeare の中に，この用法と解釈できるものが少なくとも 2 例ある。

(42) Is it not hard Nerrisa, that I *cannot* choose one, nor refuse none?
　　（自分で選ぶことも断ることも許されないなんてひどいと思わない，ネリッサ。）　　　　　　　　　　　　(*MV* 1.2.022)
(43) Here *can* I sit alone, unseen of any,
　　（だれの目にも触れずに独り座っていてもいいのだ，）
　　　　　　　　　　　　　　　　　　　　　　(*GV* 5.4.004)

(44)の場合も,ことばのやりとりの環境から見て,許可を表していると判断できるであろう。

(44) Tranio: Let us entreat you stay till after dinner.
Petruccio: It may not be.
Gremio: Let me entreat you.
Petruccio: It *cannot* be.
Katherine: Let me entreat you.
Petruccio: I am content.
(夕食までいてほしいのだ。／そうはいかないのだ。／いてくれよ。／そうはいかないのだ。／いてくださいよ。／ご好意はありがたく思うよ。)　　　　　　　　　　(*TShr* 3.3.072)

7.3.2 be able to の意味
7.3.2.1 現代英語における be able to
Quirk *et al.* (1983), Thomson & Martinet (1986[4]) を主として参考にして現代英語における be able to の特徴をまとめてみると概略,次のようになる。

(i) can の代用形として,他の法助動詞と共起したり,完了形の中で用いる。

(45) Our baby *will be able to* walk in a few weeks.
(46) Since his accident he *hasn't been able to* leave the house.
(Thomson & Martinet 1986[4], p.135)

単に能力を表すだけならば,can と be able to は互いに交換可能であり,その使い分けは気分次第であったり,redundancy を避ける場合のように文脈に支配されることもある。

(47) Can you/Are you able to swim?

(Thomson & Martinet 1986[4], p.135)

(ii) 肯定現在形の is/am/are able to は現在時点での実現性を表す。それに対して can は実現性を表すことはまれであり，たとえ，使われたとしても未来の実現性についての言及となる。

(48) In this way we *are able to* carry out research and not simply to undertake consulting. (Palmer1979, p.77)

(iii) 肯定過去形の was/were able to は過去に一回かぎりの行為が実現したことを表す。この意味では could は使えない。

(49) a. I ran after the bus, and *was able to* catch it.
b.*I ran after the bus, and could catch it.

(Quirk *et al.* 1985, p.232)

(iv) 単に過去の能力を表すだけならば，could も was/were able to も使える。

(50) When I was young I *could/was able to* climb any tree in the forest.
(Thomson & Martinet 1986[4], p.135)

(v) 感覚動詞の場合には，could と was/were able to との間には意味の差は見当らない。

(51) I *could/was* able to see him through the window.

(Thomson & Martinet 1986[4], p.135)

(vi) 過去形の否定文では could と was/were able to との間には意味の差は見られない。

(52) He read the message, but he *couldn't/wasn't able to* understand it.
(Thomson & Martinet 1986⁴, p.135)

7.3.2.2 Shakespeare における be able to

Shakespeare と現代英語との間における be able to の意味の差はほとんどない。現在時制で能力を表す用例が目立って多い。(53) (=(17)) は redundancy を避けた例のように見受けられる。(54) は be able to をまさに形容詞句として扱い，able の比較を行っている例である。

(53) (=(17)) But your discretions better *can* persuade than I *am able to* instruct or teach. (*1H6* 4.1.158)
(54) (=(19)) I *am as able and as* fit *as* thou to serve, and to deserve my mistress' grace. (*TA* 2.1.033)

(55), (56) では，能力の実現性がより強調されている。

(55) Henry *is able to* enrich his queen.
（ヘンリー陛下はご自分の力でお妃を富ましむる方。）
(*1H6* 5.5.051)
(56) None of you but *is able to* bear against the great Aufidius
（お前たちのひとりひとりが強敵オーフィディアスにひけをとらない） (*Cor* 1.7.078-9)

欽定訳聖書の現在形に多く見られた 'have the divine power' の意味を持つ be able to は見当らなかった。

7.3.3 can be able to の意味

can be able to は (57), (58) のように Shakespeare では 2 回出てくる。ちなみに，欽定訳聖書の場合は，(59) のような文であった。

(57) (=(22)) To-morrow, Caesar, I shall be furnish'd to inform you rightly both what by sea and land I *can be able to* front this present time. (*AC* 14077-8)

(58) (=(23)) that ballad-makers *cannot be able to* express it (*WT* 52024-5)

(59) And they(i.e. locusts) shall cover the face of the earth, that one *can not be able to* see the earth (Exodus 10:5)

Visser (1963-73: 1738, 1746) には (58) も含めて can be able to の形を取る文が Shakespeare 以外も含めて 12 例載っている。しかし，それらの意味については特に言及せず，現代英語では tautological に見える，と述べるだけに留めている。Visser が挙げている例も含めて can be able to の意味を考えてみると，大部分の例が否定辞または疑問詞を含んでいるので，第 5 章で述べたように，be able to の部分も含めて，It is possible that one has sufficient power to do something くらいの意味を表しているのではないかと考えられる。

7.4 まとめ

Shakespeare における can と be able to の関係を欽定訳聖書の場合と対比しながら考察を進めてきた。その結果，次のような点が明らかになったように思う。

(i) Shakespeare における can および be able to の分布は，著作年代によって著しく増減するというような傾向は見られない。つまり，can および be able to という 2 つの法助動詞に限定するならば，著

作年代による文体上の変化は顕著ではないということになる。作品間の can および be able to の多寡は，作品の長さや作品の内容に依存しているものと判断できる。

(ii)　Shakespeare における can と be able to の比率は 74:1 である。これに対して欽定訳聖書の場合は 3:1 であり，Shakespeare における can が，実数においても，比率においても非常に高いことがわかる。この比率の差は，話しことばであるか，書きことばであるかによって生じると考えてよさそうである。したがって，Shakespeare が当時の話しことばを代表し，欽定訳が書きことばを代表していると言うことができよう。

(iii)　仮定法の could が could 全体に占める割合は Shakespeare が 60.8%，欽定訳が 9.9% である。Shakespeare の場合は，会話の中で微妙な意味を伝え合う時に仮定法が多用されたものと思われる。

(iv)　be able to の実数においては，Shakespeare の場合は 25 例，欽定訳の場合は 116 例で，大きな差がある。しかし，be able to が can にはない独自の意味を表し得る現在時制と過去時制の比率は Shakespeare が 72.0%，欽定訳が 67.0% で，Shakespeare の比率のほうがやや高い。欽定訳の be able to の一部は 'have the divine power' という意味で使われているが Shakespeare にはその意味はない。

(v)　can be able to という特殊な表現が，欽定訳では 1 例あるのに対して，Shakespeare には 2 例出てくる。Visser は 12 例挙げているが，意味については言及がない。これを暫定的に定義するならば，
can be able to= it is possible that one has sufficient power to do something のようになるのではないかと考えられる。

(vi)　It cannot be は欽定訳や現代英語では見かけない表現で，Shakespeare 独自の表現法であると言うことができるだろう。

(vii)　許可の can は 18 世紀以降の用法であると一般には言われているが，Shakespeare の中に，少なくとも 2 例ある。

注

(1) Wells,S.and G.Taylor(eds.)(1988) は，次の4つの作品を他の作家との共作であるとしている。Timon of Athens(1604) は Thomas Middleton と，Pericles(1608) は George Wilkins と，Henry V111(All is True)(1613) および最後の作とされている The Two Noble Kinsmen は John Fletcher との共作であるとしている。

(2) テキストは主として Arden 版を用いた。調査した作品とその略記表は以下の通りである。

2H6	*The Second Part of King Henry VI*	H5	*King Henry V*
3H6	*The Third Part of King Henry VI*	JC	*Julius Caesar*
Err	*The Comedy of Errors*	MWW	*The Merry Wives of Windsor*
1H6	*The First Part of King Henry VI*	TN	*Twelfth Night*
Ven	*Venus and Adnis*	Ham	*Hamlet*
R3	*King Richard III*	All	*All's Well That Ends Well*
GV	*The Two Gentlemen of Verona*	TCr	*Troilus and Cressida*
Lucr	*The Rape of Lucrece*	Oth	*Othello*
TShr	*The Taming of the Shrew*	MM	*Measure for Measure*
TA	*Titus Andronicus*	Lr	*King Lear*
MND	*A Midsummer Night's Dream*	Mac	*Macbeth*
R2	*King Richard II*	AC	*Antony and Cleopatra*
LLL	*Love's Labor's Lost*	Tim	*Timon of Athens*
RL	*Romeo and Juliet*	Co	*Coriolanus*
John	*King John*	Per	*Pericles*
MV	*The Merchant of Venice*	Cym	*Cynbeline*
1H4	*The First Part of King Henry IV*	WT	*The Winter's Tale*
2H4	*The Second Part of King Henry IV*	Tem	*The Tempest*
Ado	*Much Ado about Nothing*	H8	*King Henry VIII*
As	*As You Like It*	TNK	*The Two Noble Kinsmen*

(3) 推定著作年代は，主として，Wells, S. and G. Taylor (eds.)(1988) を参考にした。

(4) 第5章を参照のこと。

(5) Palmer (1979, p.77) は，話しことばの資料に比べて書きことばの資料の方が，be able to の出現率が高いと述べている。

(6) (WT 5.2.024) は Visser (1963-73) などによって知られていたが，(AC 1.4.078) は今まで話題に上ったことのないものかもしれない。引用の際の表示方法は簡略化して，たとえば，(WT 5.2.024) は，The Winter's Tale 5 幕 2 場 24 行を表している。

(7) 日本文は主として小田島雄志訳（白水社）を参考にしたが，論点がはっきりするように私訳したものもある。

(8) N. F. Blake (1983) は，エリザベス朝時代には語形変化の衰退に伴って仮定法が衰退しつつあったけれども，仮定法が活気があって便利な語法であったので，今日よりも広く使われていたと述べている。

(9) Visser (1963-73, §1630) にも詳しい記述がある。

第3部

現代英語の法助動詞
―― 複雑化した言語生活を担う法助動詞

第8章 現代英語における be able to

 これまでの章で、後期中英語から近代英語に至るまでの法助動詞の発達の様子を、be able to をからみ合わせながら論じてきたが、第8章では、現代英語の中で、be able to がどのように使われているかを調べ、その特徴を探ってみることにする。記述の順序は次のようになる。はじめに、現代英語における be able to について、研究者たちはどのような見解を持っているのかを検討する。次に、be able to の現状を2種類の資料をもとにして調べてみる。その資料の1つは、これまでに度々引用してきたイギリス英語の *The New English Bible* (*NEB*) である。そして、もう1つは、アメリカ英語の Brown Corpus である。どちらも、書きことばである。そして、結論部分で、総括的な頻度表によって、通時的な観点から現代の be able to を検討する。

8.1 意味的特徴に関する諸説

 法助動詞については、その個々についてのみならず、それぞれの関係についていまだにさまざまな議論がされているが、その議論が準法助動詞を含めたものになると、問題はさらに複雑になる。ここでは、問題点を be able to と can の関係に絞って諸説を調べてみることにする。便宜上、発表年順に取り上げ、後にまとめとして諸説の関わりを論じることにする。

8.1.1 Leech

 Leech (1971) は、be able to は can と同様に「能力」だけでなく、「可能性」や「許可」をも表すことができるとし、「可能性」を表す例

として (1) を挙げている。

(1) When your children are grown up, you will *be able to live* more cheaply. (= ...it will be possible for you to live....)

(Leech 1971, p.74)

さらに，Leech は，be able to は過去形では「出来事の実現」を表すことができるが，can の過去形はその意味を持たないとしている。

(2) We *were able to reach* camp that night. (→We were able to, and moreover we did.) (Leech 1971, p.96)
(3) *I ran hard, and *could catch* the bus. (Leech 1971, p.97)

8.1.2 Coates

Coates (1983) は，現代イギリス英語における法助動詞の意味を分析したものである。主として2種類のコーパスから資料を採っている。1つは，書きことばの資料で，コンピュータ化されている Lancaster Corpus（以下，Lanc）であり，もう1つは，話しことばを主としたものである Survey of English Usage Corpus（以下, S.）である。

Coates (1983, p.123) では，can には峻別できないファジーな三つの領域，すなわち，「許可」と「能力」（中心的）と「可能性」（周辺的）があり，形態論的な根拠に基づいてしばしば想定されることは，be able to が「能力」の中心と結びついているように見なされるが，be able to は can のすべての意味領域をカバーしているように思われる，としている。

能力

(4) the fully adult, $2^1/_2$ in.-long insect *is able to keep* a firm hold on one grasshopper while eating another. (Lanc 12-E473)

許可

(5) on the very day on which news of the deportation was announced, the Archibishop stated that it would be impossible for the Conference to be held within the Union of South Africa unless Bishop Reeves *were able to* be present. No permission to return was granted by the Government to Bishop Reeves... (Lanc 13-D454)

可能性

(6) The editor thanks you for submitting the enclosed ms but regrets he *is unable to use* it. (Lanc 13-K 1996)

be able to と can の間の密接な関係は，次の例からもうかがえる。ここでは両方の形が現われており，互いに呼応している。

(7) the former *being able to constitute* the head of a noeud, while the latter can only appear as a subordinate member of one.

(Lanc 13-J 1679)

8.1.3 Palmer

Palmer (1990) は，be able to が主語指向的 (subject oriented) な能力および可能性を表すことができるとしている。(8) は能力を表す例であり，(9) は可能性を表す例である。

(8) And yet you'*re able to look* at the future of it in this very objective way without making a value judgment. (Palmer 1990, p.88)
(9) I feel that the way we operate is one where people who are well read and experienced in modern literature *are* also *able to direct* themselves into modern drama. (Palmer 1990, p.89)

Palmer (1990) は, be able to の過去形が「過去の単一の出来事の実現 (a single achievement in the past)」を表すとしている (11a)。これに対して can の過去形は, 過去の能力一般を表すことはできるが (10),「過去の単一の出来事の実現」の意味を表すことはできないとしている (11b)。

(10) I *could get* up and go to the kitchen whenever I wanted to.
(Palmer 1990, p.94)

(11) a. I ran fast, and *was able to* catch the bus.
b.*I ran fast, and *could catch* the bus. (Palmer 1990, p.93)

Palmer (1990, p.90) は, be able to が can に比べてより改まった文体に用いられ, したがって, 話し言葉よりも書き言葉でより多く用いられるとして, 次の例を挙げている [1]。

(12) ...is no guarantee that he *is able to criticize* whatever it is that he himself accepts.
(13) I tell you that this is so,that you may make arrangements elsewhere if you *are able to*. (以上, Palmer 1990, p.90)

Palmer (1990, p.90) は, さらに, be able to が現在時制で, 主語の能力の実現性 (actuality) を表すことができ, この意味では be able to のほうが can よりも好んで使われるであろう, としている。

(14) By bulk buying in specific items, Lasky's *are able to cut* prices on packages by as much as 30 per cent or so.
(15) In this way we *are able to carry* out research and not simply to undertake consulting.

(16) Now what we mean by a mathematical symbol is a set of mathematical equations and relationships. We *are able*, therefore, in mathematical terms, *to find* the optimum solution.

(以上, Palmer 1990, p.90)

8.1.4 中野

中野 (1993, p.411) は, be able to は本質的には主語指向的であり, 主語の能力を表すとしている。他方, can は命題指向的 (proposition oriented) にも用いることができるので, can は態中立的 (voice-neutral) に用いることができるのに対し, be able to は無生物を主語とした受動文を許さないとしている。

(17) a. John *can boil* water.
b. Water *can be boiled*.
(18) a. John *is able to boil* water.
b.*Water *is able to be boiled*.

中野 (1993, p.411) は, さらに, can を含む能動文と受動文は同義であり得るのに対して, be able to を含む能動文と受動文は決して同義にはなり得ない, としている。

(19) a. The doctor *can examine* John.
=b. John *can be examined* by the doctor.
(20) a. The doctor *is able to examine* John.
≠ b. John *is able to be examined* by the doctor.

(20) は, be able to が主語の能力を表すものであること, つまり, 主語指向的であることに由来しているが, 中野 (1993, p.411) は Palmer (1987, p.121) の例を引いて, be able to が主語指向的ではなく, 中立的可能性 (neutral possibility) を表すこともあることを示唆して

いる。

(21) By applying these disciplines they *are able to become* better communicators. (Palmer 1987, p.121)

中野 (1993, p.412) は，be able to が主語指向性から命題指向性に向かってはいるが，can が持つような完全な命題指向性には至っていない中間的な存在であるとし，(22) を証拠のひとつとして挙げている。

(22) a. This *can't be done*.
b. ?This *isn't able to be done*. (Palmer 1987, p.122)

8.1.5 Close, Thomson and Martinet

Close (2002) は，be able to の過去形が事柄の遂行 (accomplishment) を表すのに対して，can の過去形は単に能力を表すだけで，事柄の遂行は言及できないとしている。

(23) I *was able to pass* my driving test.

Thomson and Martinet (1986, pp.134-35) は，can の現在形は未来の意味を持たない，ただし，「許可」の意味を表すことはできるとしている。未来の「能力」を表す場合には，(24) のように，will/shall be able to が用いられるとしている。

(24) Our baby *will be able to walk* in a few weeks.
(Thomson and Martinet 1986, p.134)

Thomson and Martinet (1986) は，(25) のように一般的な「能力」を意味する場合の過去形は can も be able to も用いられるとしている。

ただし,特定の行動に結びつく「能力」の意味の場合には,(26)のように be able to が用いられるとしている。

(25) a. When I was young I *could climb* any tree in the forest.
b. When I was young I *was able to climb* any tree in the forest.
(26) Although the pilot was badly hurt he *was able to explain* what had happened. (He could and did explain)

(以上,Thomson and Martinet 1986, p.135)

Thomson and Martinet (1986) は,さらに,本動詞が感覚動詞の場合には,(27)のように can および be able to の過去形が同じ意味を表す,としている。

(27) a. I *could see* him through the window.
b. I *was able to* see him through the window.

(Thomson and Martinet1986, p.135)

8.1.6 Huddleston & Pullum

Huddleston & Pullum (2002) は be able to ではなく,able という単語を指して,弱い法性を持つ語と定義し,can と同じ意味を持つが,いくぶん意味の範囲が狭いと述べている。客観的な許可を表すとして,次のような例を挙げている。

(28) Undergraduates *are able to* borrow up to six books.

さらに,existential use を表す can や現在時で実現している能力を表す can などとは be able to を入れ替えることはできないとしている。

(29) These animals *can* be dangerous. (existential use)
(30) I *can* hear something rattling. (現在時で実現している能力)

(31) のような文は，潜在的な能力に関わるものであると述べている。

(31)　She *is able to* hear extremely high notes.

次の文のような間接的な要求を表す慣用表現の場合，can を be able to に変えると不自然な表現となるので，敢えて be able to を使うことはない。

(32)　a. *Can* you turn the light on?
　　　b. ?*Are* you *able to* turn the light on?

8.1.7　諸説のまとめ

以上の諸説を整理すると次のようになり，これが Present-day English における be able to の意味と考えることができる。

(i) be able to は can が持つすべての意味を持っているように思われる。すなわち，「能力」の意味だけでなく，「許可」，「可能性」の意味をも持っている。
　　(Leech 1971, Coates 1983, Palmer 1990, Huddleston & Pullum 2002)
(ii) be able to の過去形は「単一の出来事の実現」を意味することができるが，can の過去形はその意味を持っていない。ただし，否定形を含む場合には，be able to の過去形も can の過去形もほぼ同一の意味になる。
　　(Leech 1971, Thomson and Martinet 1986, Palmer 1990, Close2000)
(iii) 「未来の能力」を表すためには，will be able to が用いられる。can は「未来の許可」を表すことはできるが，「未来の能力」を表すことはできない。　　　　　　　　(Thomson and Martinet 1986)
(iv) be able to は can に比べて，より改まった文体で用いられる。つまり，話し言葉よりも書き言葉でより多く用いられる。

(Palmer 1990)

(v) 本動詞が感覚動詞の場合には，can の過去形も be able to の過去形も同じ意味を有する。　　　　　(Thomson and Martinet 1986)
(vi) be able to は本質的には主語指向的であり，主語の能力を表す。
(Palmer 1990, 中野 1993)
(vii) can を含む慣用表現の場合，be able to に変えると不自然になる。このことは，無制限に can を be able to に変えることはできないということを意味するであろう。　　(Huddleston & Pullum 2002)
(viii) can を含む文が，現実化する可能性のある内容を持っている場合，be able to を用いると別の意味になってしまう。
(Huddleston & Pullum 2002)

8.2 Brown Corpus の分析

Brown Corpus は，現代アメリカ英語の書き言葉のコーパスである。be able to の用法・意味をすべて包含しているとは必ずしも断言できないが，多岐にわたる分野の書き言葉から収集した用例は信頼に足るものであろう。以下，同コーパスから得た be able to に関する統語的特徴と意味的特徴を述べてみる。

8.2.1 統語的特徴

Brown Corpus の統語的分布の特徴を捉えるために，既に本書で述べた *The Authorized Version of the Bible* (*AV*) と *The New English Bible* (*NEB*) との統語的分布を比較してみることにする。言うまでもなく，*AV* は 1611 年が初版出版であり，*NEB* は 1970 年の初版出版のイギリス英語である。

表 8.1　Brown Corpus における be able to の統語的分布

	現在時制	過去時制	have +en	法助動詞と共起	非定形	合計 (%)
平叙文・肯定	22	39	28	38	33	160 (67.0)
平叙文・否定	9	22	13	14	20	78 (32.6)
疑問文・肯定	0	1	0	0	0	1 (0.4)
疑問文・否定	0	0	0	0	0	0 (0)
合計 (%)	31 (13.0)	62 (25.9)	41 (17.1)	52 (21.8)	53 (22.2)	239 (100)

表 8.2　*AV* における be able to の統語的分布

	現在時制	過去時制	have +en	法助動詞と共起	非定形	合計 (%)
平叙文・肯定	28	18	0	14	7	67 (57.8)
平叙文・否定	14	11	1	11	5	42 (36.2)
疑問文・肯定	5	2	0	0	0	7 (6.0)
疑問文・否定	0	0	0	0	0	0 (0)
合計 (%)	47 (40.5)	31 (26.7)	1 (0.9)	25 (21.6)	12 (10.3)	116 (100)

表 8.3　*NEB* における be able to の統語的分布

	現在時制	過去時制	have +en	法助動詞と共起	非定形	合計 (%)
平叙文・肯定	12	1	4	12	6	35 (49.3)
平叙文・否定	2	6	5	14	3	30 (42.3)
疑問文・肯定	1	1	1	2	0	5 (7.0)
疑問文・否定	0	1	0	0	0	1 (1.4)
合計 (%)	15 (21.1)	9 (12.7)	10 (14.1)	28 (39.4)	9 (12.7)	71 (100)

表 8.1 〜 8.3 から読み取れることを述べると以下のようになる。

(i) 現在時制と過去時制とを合わせた比率は *AV* が非常に高い。2 つの理由が考えられる。1 つは、be able to が can に比べて荘重さを表すのにふさわしい語句であり、そのために多く用いられた。さらに、17 世紀当時 be able to は 'have the divine power to' という意味を濃厚に持っていて、主語が God, the Lord などの「聖なる存在」を表す時には現在時制と過去時制の文の中で多く用いられたということが大きな原因になっているように思われる。同様の主語を取る例は、*NEB* では比率は下がるが、この意味が継承されている。このような主語で始まる例を *AV* および *NEB* から数例挙げておく。

    (33) And the man of God answered. *The Lord is able to give* thee much more than this.   (*AV* 2Chr. 25.9)

    (34) ...for *God is able to graff* them in again.   (*AV* Rom. 11.23)

    (35) ...*God* who *was able to deliver* him from the grave.

                                                         (*NEB* Heb. 5.7)

    (36) ...*the One* who *is able to save* life and destroy it.

                                                        (*NEB* James 4.12)

(ii) *AV* においては未発達であった have + en が、現代英語の *NEB* および Brown Corpus ではほぼ同じ程度の比率で出てきている。とりわけ、Brown Corpus においては、この構造が、法助動詞と結びついて複雑な構造を形成するに至っている。

    (37) ...and within one more bound *would have been able to reach*....

    (38) ...I *shouldn't have been able to do* that....

(iii) Brown Corpus では、非定形の構造も複雑化している。とりわけ、

動名詞構造の使用が多くなっている。

(39) ...and go on like everything is all right instead of *being able to say* to somebody in a normal voice....

(40) ...Imagine *being able to laugh* and wink....

(iv) 非定形の中には, be が欠落した able to の形, すなわち, able が本来の形容詞の働きを取り戻して, 動詞の補部として, あるいは, 後置修飾語句として用いられている例が Brown Corpus で目立つ。ただし, *AV* にも 1 例, *NEB* にも 5 例存在する。Brown Corpus, *AV*, *NEB* の順に例示する。

(41) Mike was of legal age and *presumed able to defend* himself in the clinches.

(42) She *found herself able to sing* any role....

(43) ...then development of *a theory better able to handle* tone will result automatically in better theory.... (以上 Brown Corpus)

(44) The sons of Reuben, and the Gadites, and half the tribe of Manasseh, of valiant men, *men able to bear* buckler and sword....

(*AV* 1 Chr. 5.18)

(45) Send me then a skilled craftsman, *a man able to work* in gold and silver.... (*NEB* 2 Chr. 2.7)

(46) He took away the chief men of the country, so that it should become a humble *kingdom unable to raise* itself but ready to observe....

(*NEB* Ezek. 17.14)

(v) Brown Corpus では, 平叙文・否定 78 例のうち be unable to が 50 例あり, 平叙文・否定の 64.1% を占めている。一方, *AV* では, be unable to は 1 例もなく, *NEB* では, 11 例あり, 平叙文・否定の 36.7% を占めているが, Brown Corpus ほどではない。Brown

Corpus および *NEB* から数例ずつ挙げておく。

(47) At least I had b*een unable to lay* hold on the experience of conversation.

(48) He had also sampled various special fields of learning, *being unable to miss* some study of divinity....

(49) To the unfortunate people *unable to attend* the Godkin lectures it casts an unjustifiable aura of falsehood over the book....

(以上 Brown Corpus)

(50) ...wherever the Israelites had *been unable to annihilate* them....
(*NEB* 1 Kings 9.21)

(51) I will fasten your tongue to the roof of your mouth and you will *be unable to speak*.... (*NEB* Ezek. 2.26)

(vi) be able to が原形の形で使われている例が *AV* には 10 例あるが、そのうち 8 例は仮定法現在の用法であり、*NEB* では同一箇所はすべて can に置き換えられている。すなわち、*NEB* では仮定法現在というよりは条件節に変わっている。Brown Corpus にも仮定法現在の中での be able to の用例は見当らない。*AV* の例を 2 例挙げておく。

(52) And if he *be not able to bring* a lamb, then he shall bring for his trespass,which he hath committed, two turtledoves, or two young pigeons, unto the Lord.... (*AV* Lev. 5.7)

(53) If he *be able to fight* with me, and *to* kill me, then will we be your servants.... (*AV* 1 Sam. 17.9)

8.2.2 意味的特徴

Brown Corpus における be able to の意味的特徴を論ずるに当たり、8.1 で検討した諸説を再整理してみる。

(i) be able to の過去形は「過去の単一の出来事の実現」を表している。can の過去形は過去の能力一般を表すことはできるが,「過去の単一の出来事の実現」を表すことはできない。しかし, be able to の否定形と can の否定形では意味の差はなくなる。
(ii) will be able to は「未来の能力」を表す。can は「未来の能力」を表すことはできない。
(iii) be able to の過去形も can の過去形も,本動詞が感覚動詞の場合には,意味の差はない。
(iv) be able to は本質的には,主語指向的であり,主語の能力を表す。したがって,主語は有生である。

以下,上記の順に従って,be able to の意味的特徴を検証してみることにする。

8.2.2.1 過去の単一の出来事の実現

be able to の過去時制・肯定の条件に合うものは Brown Corpus では 44 例あり,そのうち 1 例が疑問文である。また後述するが,感覚動詞が本動詞として用いられているものが 1 例ある。Quirk *et al.* (1972, pp.94-6) によって分類してみると,すべての本動詞が動的動詞 (dynamic verbs) であり,「過去の単一の出来事の実現」を表している。数例を挙げてみる。

(54) To their surprise, the children *were* eager and quite *able to take* part.

(55) ...the golfers *were able to strike* their approach shots boldly at the flag-stick....

(56) *Were* they *able to make* the arrangements?

8.2.2.2 未来の能力

will be able to は 11 例あり,すべての本動詞が動的動詞であり,「未来の能力」を表している。数例を挙げてみる。

(57) I *will be able to tell* you more about this string of equines in the future.
(58) In this way you *will be able to detect* any obvious mistakes.
(59) ...the Peace Corps *will be able to prevent* confusion for church....

8.2.2.3 本動詞が感覚動詞の場合

本動詞が感覚動詞の例は 2 例ある。1 つの例は，be able to が過去形の場合であり，もう 1 つは，時制の一致の関係で過去完了になっている例である。

(60) He *was able to discern* the body lines of the Roman women under their robes.
(61) ...reminisced with pleasure over a Poussin exhibit he *had been able to see* in Paris a year ago.

(60) は，He could discern... としても意味は変わらない。この類の be able to は「可能」を表していると解釈できる。

8.2.2.4 主語指向性

中野 (1993, p.411) は，be able to は本質的には主語指向的であり，主語の能力を表すとしている。Palmer (1990, pp.88-9) は，主語の能力だけでなく，主語の可能性をも表す場合があることを示唆している。このことは，be able to が can のようには，命題指向的な意味をいまだに発達させていないことを意味している。事実，Brown Corpus では，命題指向性のテストとなる受動文は存在しない。ましてや，無生物主語に導かれた受動文は存在しない。このことによって，be able to は，can とは違って，命題指向的な意味を発達させてはおらず，いまだに主語指向的な状態に留まっていると言うことができるであろう。

8.3 まとめ

be able to は,その統語的な特徴として,現在時制,過去時制のように,can と共有できる形式を持つだけでなく,can には欠けている形式,つまり,完了形 (have been able to) や法助動詞との共起 (may be able to), さらには,さまざまな形態を可能にする非定形の形式を備えている。その意味では can よりもはるかに柔軟な振る舞いを可能にする形式である。このことは,Brown Corpus で十分に実証できたと言うことができるであろう。次に,意味的特徴を総括してみると,およそ以下のようにまとめることができるであろう。

(i) be able to は can が持つ「能力」,「許可」,「可能性」の3つの領域の意味すべてを共有しているように思われる。
(ii) be able to は「過去の単一の出来事の実現」を表すことができる。一方,can は過去の一般的能力は表せるが,「過去の単一の出来事の実現」の意味を表すことはできない。
(iii) 「未来の能力」を表すためには,will be able to が用いられ,can はこの意味を持たない。
(iv) be able to は改まった文体,すなわち,書き言葉でより多く用いられる。

最後に,これまで調べた後期中英語から現代英語までのそれぞれの資料に現れた can(後期中英語期は,may)と be able to の頻度を一覧表にして示し,その解釈を行ってみることにする。

表 8.4 Wycliffe, Chaucer, Langland, Tyndale, Shakespeare, *AV*, *NEB*, Brown Corpus における can(A) と be able to(B)

	資料	can (A) (中英語は may)	be able to (B)	A:B
中英語	Wycliffe	720	19	38:1
	Chaucer	869	2	435:1
	Langland	224	0	――
近代英語	Tyndale	303	96	3:1
	Shakespeare	1,850	25	74:1
	AV	372	116	3:1
現代英語	*NEB*	740	71	10:1
	Brown Corpus	3,543	239	15:1

表 8.5 から読み取れることを箇条書きで記してみる。

i 中英語期の資料は, be able to が使われ始めてから年数があまり経っていないことを見事に表している。そのような事情の中で, Wycliffe は積極的に be able to を使っていることがよく分かる。

ii 文種の違いによる傾向がある程度現れている。Chaucer や Shakespeare で分かるように, 話し言葉を模した文章の場合は, can が圧倒的に多い。

iii Tyndale と *AV* の近接性が数字によく現れている。

iv 現代英語は, 文種にもよるが, can の使用度が高まっているように見える。Coates (1983, p.129) では, 現代イギリス英語の比率は, can:be able to=14:1 と述べているが, これは Brown Corpus に非常に近い。

注

(1) 本書の第 7 章が, Palmer 説を実証している。

第9章 'I must be going.' の意味

　Ota (1972) および安井 (1989) によれば，法助動詞と進行形との共起は，must と have to の例外を除いて認識様態的意味（epistemic，以下，E と略記）の場合に限って可能であるという。must と have to の場合は，根源的意味（root，以下，R と略記）の場合にも，共起は可能である，と述べている[1]。ところが，実際の用例を小説等にあたってみると，must と have to 以外の法助動詞が根源的意味を持つ場合にも共起が可能であるように判断できる。それらは，I must be going. が示す意味と平行的に，丁寧さを表すときに使われるように見える。法助動詞と進行形との共起の現象は，意味論を越えて語用論的視点で検討を加える必要があるだろう。

9.1　Ota (1972) と安井 (1989) についての検討

　Ota (1972) と安井 (1989) の両論文は，法助動詞について広範な議論を展開している。そのすべてについて概要を述べることは，ここでの議論を曖昧にしてしまう恐れがあるので，法助動詞と進行形との共起の可能性について論じた部分に絞って検討を加えてみたい。

9.1.1　Ota (1972) について

　Ota は，まず will, can, may, must, should の 5 つの法助動詞の意味を表 9.1 のようにまとめている。

表 9.1　法助動詞の意味

	will	can	may	must	should
A	supposition prediction probability	possibility	possibility	certainty logical necessity	reasonable conviction
B	volition habitualness insistence	ability capability permission	permission	requirement	obligation duty

さらに，つぎのように，それぞれの法助動詞の意味をパラフレーズの形で示している(2)。

(1) will　　E　I suppose that S
　　　　　　　I predict that S
　　　　　　　It is probable that S
　　　　　R　agree to, be willing to, insist upon

　　can　　E　It is possible that S
　　　　　R　be able to, be permitted to,
　　　　　　　It is possible for...to

　　may　　E　It is possible that S
　　　　　R　be permitted to

　　must　　E　It is certain that S
　　　　　　　It is necessarily the case that S
　　　　　R　be required to, have to
　　　　　　　It is necessary for...to

should   E   There is enough reason to assume that S
         R   be obliged to, ought to

　Ota (1972, p.44) の中で，E 用法の場合には，パラフレーズの中にthat S を含み，R 用法の場合には，不定詞を含み，未来の意味を持つと述べている。さらに，E 用法の場合には，完了不定詞を伴い，現在，過去，未来のいずれをも表し得るとしている。

(2) a. He may/cannot/must/will have come by now.
　　b. He may/cannot/must/will have come yesterday.
　　c. He may/cannot/must/will have come by then.

　R 用法の must と have to は例外的に，完了不定詞を伴い，時の制限を受けない一般的な陳述か，潜在的未来を表す陳述などに用いられる，として，次のような文例を提示している。

(3) a. In order to use a word properly, one must have acquired the underlying concepts.
　　b. You must/have to have completed the work by next April.

　法助動詞の後に進行形が付いた場合には，法助動詞が潜在的に持っている根源的意味は排除されるとしている。

(4) a. He may/must/can't/won't travel now.　　　　　(R用法)
　　b. He may/must/can't/won't be traveling now.　　(E用法)

　ここでも再び，R 用法の must/have to は他の法助動詞とは振る舞いが違うと述べ，さらに，この 2 つの法助動詞は進行形と共起し，即時性という時間的要素に対する関心の方が何をやるかということに対する関心よりも高いと述べている。次の 2 つの文は意味が違う。

(5) a. You must/have to be going. (= Your going is required to take place immediately or very soon.)
   b. You must/have to go. (= Your going is required, but the time of going can be any time.)

Ota は (5) のように，2 人称の you を主語にした例だけを挙げている。一方，'He must be going.' は，あいまいな文であると言っているが，なぜあいまいであるのか説明がない。恐らく，E 用法と R 用法のどちらにも解釈できるということであろう。さらに，重要なことは，1 人称の I を用いた文，つまり，(6) のような文は挙げていない。

(6) a. I must/have to be going.
   b. I must/have to go.

Ota は，E 用法の will は，時を特定せず，何かが起きることを想定しているが，be going to の場合は，単に，未来の出来事に言及するだけであると述べている。

以上の Ota の議論をまとめると表 9.2 のようになる。

表 9.2 法助動詞と後続する進行形との関係

	will		can		must		may		should		have to
	E	R	E	R	E	R	E	R	E	R	R
progressive	+	−	+	−	+	+	+	−	+	−	+

注：1. + は共起可，− は共起不可
　　2. must/have to の R 用法 + 進行形は行動の即時性を表している。

9.1.2 安井 (1989) について

安井 (1989) には，法助動詞に関する論文が2つ載っている。「英語におけるモダリティ」(初出，1977) と「法の助動詞における時制」(初出，1978) であるが，後者のほうが，法助動詞と進行形との共起については詳細に論じられているので，この論文を中心にして考察してみたい。

安井は，まず，E用法は話し手が現在の時点に常に居て，命題内容 (propositional content) は理論的には，どんな時制も取れる，と提案する。この関係を (7) のように提示している。

(7) S = M + [NP+VP] prop (M=modality; ([NP+VP] prop) = propositional content)

したがって，(8b) の過去形 might は話者の現在と関係を持っている。might と may の意味の差は，話者の判断で，might を使えば，蓋然性が低いと判断されていることがわかる。

(8) a. It may rain tomorrow.
    b. It might rain tomorrow.

既に述べたように，命題内容の時制は時を表す副詞によって決められる。例えば完了不定詞であれば，過去時制にも，現在完了にも，あるいは，過去完了にもなりうる。(9) の a, b, c はそれぞれ (10) の a, b, c に対応する。

(9) a. He must have left yesterday.
    b. He must have left already.
    c. He must have left before you came.

(10) a. Surely he left yesterday.
   b. Surely he has left already.
   c. Surely he had left before you came.

安井は結論として，次のように述べている。

もし modal + verb phrase が E 用法であるなら，動詞句の部分は時制を持った独立した文に言い換えできる。したがって，(11) は E とは言えないと述べている。

(11) a. He must sing now.
   b. He must be knowing several languages.

安井はさらに，Ota (1972) と Hofmann (1976) を引用して，(12) の例を挙げて，R 用法の must と進行形との共起の可能性を述べている。

(12) a. Well, I must be going now.
   b. You must be going. (= 5a)
   c. You must be singing when my mother arrives.

(Hofmann 1976, p.100)

安井は Ota の見解に賛成を示し，must の後に進行形がつくと行動をすぐに起こす必要性があることを示している，と述べている。Ota が文例として示さなかった 'I' を主語にした文 (12a) を載せているのは興味深いことであり，また，意味論の観点からも重要である。

9.2 資料に見る modal + progressive forms

表 9.2 にあるように,E 用法の場合には,自由に進行形が付くが,R 用法の場合には,must/have to だけが,この形を許す,というのが,Ota (1972) の結論であった。この結論の当否をできるだけ多くの資料で確認しようと試みた。資料は 19 冊の小説,4 冊の高等学校の検定済み教科書,1 冊の児童書である [3]。would は will の意味とほぼ重なるものと見做して,will/shall の中に入れた。例外的と考えられるものを中心に,native speakers の意見を仰いだ [4]。

9.2.1 will/shall + progressive forms

Leech (1987, p.54) は,(13b) のような will + progressive form の場合,will には「意志」の意味あいは消されて,「これこれのことが起きようとしている」くらいの意味になる,と述べている。これは,Ota(1972,p.47) の見解とほぼ同じである [5]。

(13) a. I'll drive into London next week.　　('I've made up my mind.')
　　　b. I'll be driving into London next week. ('as a matter of course')

以下は,資料から得たものの一部である。

(14) a. Bobby informed his father that he would be going up to town on Monday week to take up a job.　　(Christie (2), p.32)
　　　b. If the ladies want to go upstairs first, they know the way. Meanwhile I shall be bringing in the soup. (Murdoch (1), p.29)
　　　c. They would not sit down for long, but soon would be roaming about, opening cases and fingering objects.(Murdoch (1), p.60)

d. I shall just be getting the coffee quite quietly.

(Murdoch (1), p.74)

e. So—if you're secure, stay where you are—if you're not, drop on to the ladder. We'll just be waiting here.

(Murdoch (1), p.266)

f. 'Will you be coming to Millie's, Francis?'
'No, thanks.' (Murdoch (3),p.32)

g. OK. I'll be leaving in about five minutes. (Way (2), p.30)

(14) のうち, 習慣的行動を表していると解釈できる (14c) 以外は, 意志を表す文, つまり, R用法と解釈できないであろうか。ちなみに, (14b,d) はイギリス作家 Murdoch の文であるので, イギリス英語の shall は強い意志を表しているということになるであろう。(14) のどの文を見ても, E用法の場合のように, 「(単に)...のことが起きようとしている」という意味というよりは, 意志的行動 (R用法) を表しているように考えられる。(14d) の 'quite quietly' や, (14g) の 'in about five minutes' などは, 意志的な表現であろう。

Leech (1987, p.69) は, will/shall + 進行形には, 'matter of course' という言外の意味 (connotation) が含まれていて, これは, 「即座にというよりは, 近いうちに」というぐらいの意味である, と述べている。Leech は, さらに, will/shall + 進行形が現代社会の会話にふんだんに取り入れられるようになったのは, この表現が丁寧で如才のない響きを持つからである, と言っている。法助動詞に進行形が加わることによって, 丁寧さが増すということは, 後述する 'I must be going.' の場合も同様である。次の数例は, E用法であると考えられる。

(15) a. 'I suppose Sir Oswald will be buying a place of his own one of these days,' suggested Jimmy. 'And then you can have it just as you like.' (Christie (1), p.170)

b. 'The poor old gov'nor,' thought Bobby. He'll be ramping up
   and down.'   (Christie (2), p.12)
c. 'You'll be hearing all sorts of stories, but you are not to believe
   what you hear.' she said to her son.   (Anderson, p.129)
d. 'It's not wrong to fight to free your country.'
   'But you won't be doing that. You'll just be killing people
   pointlessly....'   (Murdoch (3), p.200)

9.2.2　should + progressive forms

　Ota (1972) は，should + progressive forms については何も述べていない。したがって，表 9.2 の should についての判断は，他の法助動詞と平行的に振る舞うと判断したのであろう。すなわち，E 用法の should は自由に進行形を後続させるが，R 用法の場合は後続不可であるということになる。しかし，資料を調べてみると，データは少し違ってくる。should + progressive forms の例は 11 あり，5 例が E 用法，6 例が R 用法と判断される。(16) が E 用法，(17) が R 用法の一部である。

(16) a. 'Aren't you feeling well, Mr Lawson?
        'Well? How should I be feeling well? I've had a shock—a
        terrible shock.'   (Christie(5),p.7)
     b. The fire-brigade should be arriving now very soon.
                                               (Murdoch (1), p.259)
     c. Why should the poor Minotaur be suffering in hell?
                                               (Murdoch (2), p.7)

(17) a. You haven't trained her properly. You should be getting after her
        with a stick.   (Murdoch (3), p.138)

b. 'I should be saying sorry,' said Charlotte. 'What's all this in aid of?' (Murdoch (5), p.216)
c. But Dad, I should be working full time at my age. I'm nearly seventeen. (Survival, p.62)
d. Now, if you will help me find a taxi. I probably should be getting on home. (Milestone, p.161)

E用法のshouldとwillはしばしば推量の意味を共有する。Thomson/Martinet (1986, p.148) は, shouldはwillよりも確信度が低いと述べている。Thomson/Martinet (1986, p.139) は, shouldのR用法には,「義務を果たしていない。」, あるいは,「愚かで, 軽率な振る舞いをしている。」と述べて, (18) を例文に掲げている。(18) は, はからずも, Thomson/Martinet (1986) が, R用法を認めていることを表している。

(18) We should be wearing seat belts. (but we are not wearing them.)

資料から得た例文に, Thomson/Martinetの考え方を応用するならば, 例えば, (17b) の場合は, 次のようになる。

(17b') I should be saying sorry. (but I am not saying sorry.)

(17b') は2つの意味を持つことに, 留意すべきであろう。すなわち,「まだ, 謝っていないが, これから謝るつもりだ (I'm going to say sorry.)」という意味と,「まだ, 謝っていないし, 謝るつもりもない (I'm not going to say sorry.)」という, いわば, 語用論に属する解釈である。

9.2.3　ought to + progressive forms

ought to も,should と同様に E 用法と R 用法があると考えられる。Leech (1987, p.100) は,(19) のような例文を挙げている。

(19) a. Our guests ought to be home by now.(E)
   b. Our guests should be home by now. (E)
   c. He ought to pay for the broken window. (R)
   d. He should pay for the broken window. (R)

では,ought to + progressive forms はどうであろうか。資料では,E 用法と考えられるものが 1 例,R 用法と考えられるものが 6 例見つかっている。(20) が E 用法,(21) が R 用法の一部である。

(20) 'Why isn't Austin here?'said Charlotte.
   'Austin?'
   'He ought to be visiting Miss Ricardo.'
   'Oh, Miss Ricardo, yes....'　　　　　　　(Murdoch (5), p.344)
(21) a. 'We ought to be doing something, but I suppose it's better to wait until Dr Graham comes—Oh, I think I hear them.'
   　　　　　　　　　　　　　　　　　　　(Christie (6), p.123)
   b. '...I ought to be working, but I really must have some air....'
   　　　　　　　　　　　　　　　　　　　(Murdoch (1), p.81)
   c. As he spoke he knew still that he ought to be saying something very different to her, he ought to be using all the intelligence he could command to make her, at this last minute, feel utterly free of him....　　　　　　　　　　　(Murdoch (3), p.124)

9.2.4　can + progressive forms

Ota (1972) は,R 用法の can の後に進行形が来るのは,普通ではないと述べている。資料によると,明らかに E 用法と思われるも

のが6例，そして，1例(22)だけどちらとも言えないものがあった。3人の英語母語話者のうち2人がR用法であるという意見であった。筆者もR用法を支持したい。

(22) 'Oh yes, I know,' said Miss Marple. 'So difficult, isn't it? To be clear about anything, I mean. Because if you're looking at one thing you can't be looking at another....' (Christie (5), p.9)

9.2.5 must + progressive forms

E用法の must+progressive forms が25例あった。R用法と判断されるものが，11例見つかっている。そのうち10例の主語がIであり，残りの1例は，(23)に見るように，間接話法の中にある。しかし，この場合も，直接話法に直せば，Iとなる。

(23) Millie once more galloped up and there was another confused conversation in the factor's hearing, with Millie saying she wanted to talk to Christopher and Christopher saying he must be going.
(Murdoch (3), p.259)

次に挙げるのが，資料から得た11例すべてである。

(24) a. 'Well,'said Jimmy. 'I must be getting on with my task.'
(Christie (1), p.88)
b. Anyway, I must be going now. (Christie (2), p.125)
c. I must be going. Believe me, all my sympathies are with you and Mrs Bassington-ffrench. (Christie (2), p.172)
d. 'Well,' Sir Henry. 'I must be going.' (Christie (3), p.212)
e. 'Really,' said Miss Foy. 'I think I must be getting on....'
(Murdoch (2), p.152)

f. 'Oh, did you?' said Rosa. 'Good! Well, now I must be getting along.' (Murdoch(2), p.237)
g. I must be getting along. (Murdoch (3), p.88)
h. (=23) Millie once more galloped up and there was another confused conversation in the factor's hearing, with Millie saying she wanted to talk to Christopher and Christopher saying he must be going. (Murdoch (3), p.259)
i 'I think I must be going,' said Mavis. (Murdoch (5), p.23)
j. 'I must be getting along home. I can talk no more with you,' he said nervously. (Anderson, p.30)
k. 'I must be going,' she said. 'In a moment, if I stay, I'll be wanting to kiss you.' (Anderson, p.164)

まるで,判で押したように,「いとまごい」の set phrase で占められている。R 用法の must は,適用範囲が極めて狭いのかもしれない。

9.2.6 have to + progressive forms

Ota (1972) も安井 (1989) も触れていないが,現代英語の語法として確立していると考えられる「... のはずだ;... に違いない」という意味を表す have to の E 用法も加える必要がある。この用法はアメリカ英語として始まったが,今ではイギリス英語にも取り入れられている。しかも,進行形も可能である。

(25) I don't believe you. You have to be joking. (Swan 2005[3], p.239)

表 9.3 は,これまでの考察に現れた法助動詞 + 進行形の分布である。

表 9.3 資料に見る法助動詞＋進行形の分布

		will/shall		can		may		must		should		ought to		have to	
		E	R	E	R	E	R	E	R	E	R	E	R	E	R
Anderson		3				1			2						
Christie	1	5				1			1						
	2	4	1			2		1	2				1		
	3	1				2			1						
	4	2				2		1							
	5			2				1		1					
	6	5				2		1					1		
Drabble		4				2		1							
Fitzgerald															
Greene		5	1			2				1					
Hemingway	1							1							
	2							2							
Murdoch	1	10	4			1		5		1			2		
	2	10	1	2		1		1	2	1					
	3	5	1			1		4	2		3		2		
	4	7						3		1					
	5	8		2		4		2	1		1	1			
Salinger		6				1									
Steinbeck		1				1									
White		1							1						
Milestone											1				
Survival		1						1			1				
Way	1	1													
	2	1	1	1				1							
Swan														1	
Total		80	9	7	0	23	0	25	12	5	6	1	6	1	0

9.3 まとめ

Leech (1987, p.99) は,'I must be going soon.' という表現は,相手に判断をまかせるようなニュアンスを持っているので,'I must go soon.' よりもポライトネスの度合いが強い,と述べている。おもしろいことに,人称によって,ポライトネスの含みが微妙に変化するように感じ取れる。(26)のような解釈ができるであろう。

(26) a. I must be going.　　　　　　　(R用法,丁寧なひびき)
　　 b. You must be going.　　　　　　(R用法,かなり強い命令)[6]
　　 c. He must be going.　　　　　　 (R用法かE用法かあいまい)

したがって,日常使われる表現,つまり,自然なひびきを持つ表現は(26a)であろう。敢えて受容度の高い順に並べるなら,次のようになるであろう。

(27) I > You > He (She)

また,資料を調べた結果を表9.2に反映させるとするなら,will と should のR用法は+に変わることになり,さらに,新しく ought to のEとR,have to のEが加わり,表9.4のように修正されることになる。

表 9.4 法助動詞と後続する進行形との関係の修正案

	will		can		must		may		should		have to		ought to	
	E	R	E	R	E	R	E	R	E	R	E	R	E	R
progressive	+	+	+	−	+	+	+	−	+	+	+	+	+	+

(注) +が後続可能を示す

注

(1) 法助動詞の2分法は，Hofmann (1976) から始まったようである。一方は，epistemic であり，日本語では，認識的あるいは，認識様態的と言っているが，もう一方は，root, cognitive, deontic で，それぞれ，根源的，知的あるいは認識的，義務的と訳している。Ota は cognitive を用いているが，日本語にすると「認識的」となり，双方区別しにくくなるので，ここでは，「根源的」を用いることにした。

(2) Robin Lakoff (c.1972) も，類似のパラフレーズを行っている。

will	E	be certain that/tend to/be going to
	R	be willing to/persist in/intend to
can	E	be possible that
	R	be able to/be capable of/be allowed to
may	E	be possible that
	R	be allowed to
must	E	be necessary that/be probable that
	R	be required to/have to
should	E	be probable that
	R	be supposed to/be obliged to

(3) 調査に使用した資料については巻末の参考文献をご覧いただきたい。

(4) 3人のアメリカ人教員に用法についての判定を協力してもらった。Randolph Thrasher Jr.（国際基督教大学名誉教授），David Burger（聖学院大学教授），Evert Osburn（聖学院大学教授）の先生方である。

(5) 多くの研究者が，R用法の will/shall + 進行形はないと言っている。(Quirk et.al. 1985, p.235, Palmer 1979, pp.133-4, Thomson/Martinet 1986, p.191)

(6) 注4のアメリカ人教員によると，must よりも，have to や should のほうが，受容度は増すということであった。

第10章 can の認識様態的意味

　第9章に引き続いて，法助動詞の2分法に関わる問題点を扱う。この2分法の概念の導入によって，法助動詞の意味・用法の研究は，大きな進歩を見た。しかし，未解決の問題もある。ここでは，その1つである can の統語上の振る舞いについて議論を展開することになる。最初に，用語の整理をするために，(1)のような文を考えてみることにする。(1)の a. と b. は一般的な状況ではその意味・用法は明らかであろう。

(1) a. You *must* be very careful.
　　b. You *must* be very careless.

　(1a) の must は「ねばならぬ」という義務を表し，(1b) の must は「にちがいない」という必然性・推量を表している。(1a) のような用法の意味を一般に，義務的意味 (deontic meaning) とか，根源的意味 (root meaning)，あるいは，知的意味 (cognitive meaning) と呼び，(1b) のような用法を認識様態的意味 (epistemic meaning) と呼んでいる。ここでは，便宜上，前者を R 用法，後者を E 用法と呼ぶことにする。ところで，can の場合は，事情がやや複雑である。R 用法については概ね論者の見解は一致しているのだが，E 用法については，(2) のような否定文や疑問文の場合には一部の研究者を除いたら異論はないが，(3) のような肯定平叙文の場合についてはさまざまな見解がある。

(2) a. He *can't* be in his office.
　　b. *Can* he be in his office?

(3) He *can* be in his office.

　本章では，canに関する諸説を検討した後，収集した資料に基づいて，肯定平叙文におけるcanのE用法の存在の可能性について筆者の見解を述べることにする。

10.1　肯定平叙文における can の意味解釈をめぐって

　canのE用法について従来の研究を調べてみると，次の3通りの見解があることがわかる。
1) canのE用法を認める立場
2) canのE用法を認めない立場
3) 中間的な立場

それぞれの立場を検討してみることにしよう。

10.1.1　canのE用法を認める立場
荒木・他(1977)は，

(4) a. He *may* be there now.
　　b. He *can* be there now.

のように，文の命題が現在の状態を表す場合は，E用法のmayにE用法のcanを置き換えることができるが，

(5) He *may* come tomorrow.

のように，未来の1回の出来事を表すE用法のmayに，同用法のcanを代替させることはふつうではない，と述べている。つまり，canのE用法を認めるものの，後続の動詞が状態的か非状態的か，また副詞語句が1回限りを表すものか，習慣を表すものかによって

canの容認性について制限が出てくるという立場である。

Spasov (1978) は，(4) はどちらもE用法であり，possibilityの意味において等価である，としている。

Close (1981³) は，primary/secondary という用語を用いているが，R用法/E用法に対応するものと考えてよいであろう。次の(6)はsecondary，すなわち，E用法の例である。

(6) This *can* be the answer, I think. (= It is perfectly possible that the statement the speaker is making is true.) (p.125)

注意すべきことは，may を secondary function に用いた場合には can とは意味が異なる，としていることである。can が1つの可能性が開かれていることを意味するのに対して，may は2つないしそれ以上の可能性があることを示唆すると述べている。

(7) This *may* be the answer. (= The answer referred to is possibly the right one but that there are other possible answers.) (p.128)

つまり，Close によれば，同じ環境で can/may が使われることがあっても，意味は等価ではないということになる。

10.1.2 canのE用法を認めない立場

肯定平叙文における can の E 用法を認めない立場の論考の多くは，理由を挙げて積極的に否定するのではなくて，いわば，暗黙の了解事項として認めないというものである。Halliday (1985), Lyons (1977), Ota (1972) などが代表的なものであろう。

Halliday (1985) は，法性 (modality) を probability の尺度で図 10.1 のように示している。

図 10.1

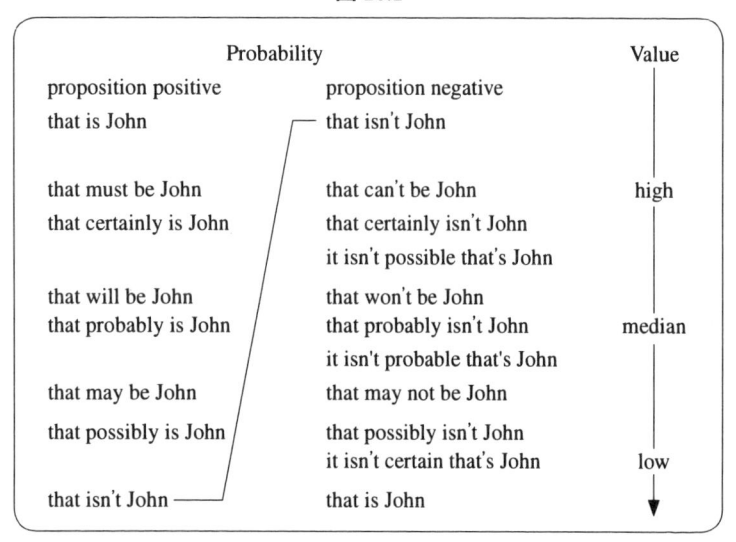

	Probability		Value
	proposition positive	proposition negative	
	that is John	that isn't John	
	that must be John	that can't be John	high
	that certainly is John	that certainly isn't John	
		it isn't possible that's John	
	that will be John	that won't be John	
	that probably is John	that probably isn't John	median
		it isn't probable that's John	
	that may be John	that may not be John	
	that possibly is John	that possibly isn't John	
		it isn't certain that's John	low
	that isn't John	that is John	

　この図からわかるように，Halliday (1985) は can't を強い否定の意味を持つものとして must の対極に位置づけているが，肯定平叙文の can はない。

　肯定平叙文のみか，can そのものの E 用法の存在を否定するのは Coates (1980, 1983) である。Coates (1980) は，may と can の異義性を述べ，日常の使用においては，両者には意味の重複はほとんど起きない，たとえ，「許可」(R 用法) の意味などで重複が起きるように見えても，交換は自由にはできない，としている。さらに，(8) の may を can に置き換えられないのは，can が E 用法ではないからである，と述べている。

(8) You may be right, you may be wrong.

Coates は Spasov (1978) を批判して，(4b) は容認できない，と述

べている。

　Coates (1983) では, 法助動詞の中でR用法E用法の区別が存在しないのはcanだけである, と述べている。言い換えれば, canにはE用法はない, ということである。Coatesが利用したfuzzy set theoryに基づくdiagram（図10.2）もそのことを示している。

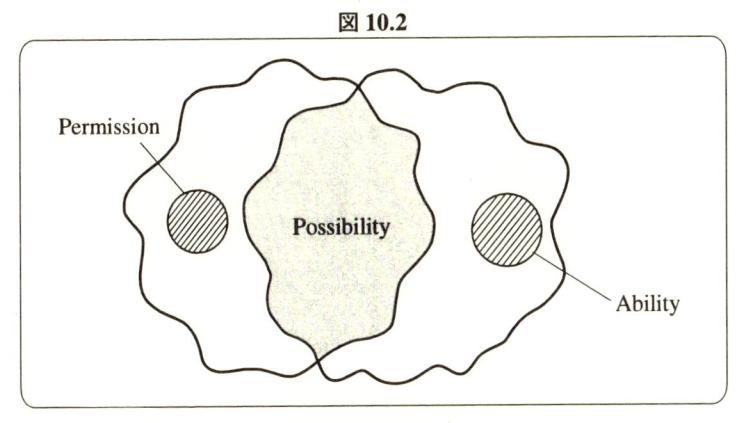

図 10.2

[図: Possibilityを中心に、Permission と Ability が重なる領域を示すファジー集合の図]

　Coates(1983) は, Lancaster Corpus と Corpus of the Survey of English Usage を分析し, can の分布を次のように示している。

表 10.1 can の分布

	Permission	Possibility	Ability	Gradience	Sample total
Survey	10	129	41	20	200
Lancaster	8	148	57	18	231

　この表を見てすぐにわかることは, possibility の意味を持つものが圧倒的に多いということである。(9) が示すように, possibility を表す文は It is possible for で言い換えられるという。

(9) Lightning can be dangerous. ≡ It is possible for [lightning is dangerous]

これは Ota (1972) の R 用法の capability を表す用法に一致し，また，後に述べる Leech (1987²) の theoretical possibility や，Palmer (1979) の existential modality に相当することに注意する必要があるだろう。

Coates の論考で気になるのは，can の E 用法を全面的に否定したがために，否定文と，とりわけ，疑問文における can の扱いが十分になされていないことである。Coates (1980) では，can't に関しては，わずかに脚注で，E 用法の must の否定形を補完するものであると述べて，(10) の例を挙げ，パラフレーズを同時に示しているにすぎない。

(10) It sounds as though he can't be at Damion Sampson Hall any more.
(=It's not possible that he is at Damion Sampson Hall any more.)

Coates (1983) では，can't を invariant form と位置づけていることから，can とはまったく独立した別個の単語という扱いをしているようである。そして，この can't は E 用法の must と同様の統語的特性，つまり，進行形や完了形を接続させることができるので can't も E 用法であると述べて，(11) の例を示している。

(11) You can't have just given up painting completely....

疑問文については，明らかに R 用法と思われる例を示しているだけで，たとえば，(10) や (11) から類推して作ることができる (12), (13) のようなものについては検討されていない。

(12) Can he be at Damion Sampson Hall?
(13) Can you have just given up painting completely?

10.1.3 中間的な立場

Leech (1987²) は E 用法 -R 用法という二分法をとらない立場に立ってはいるが、下図が示唆するところでは、possibility を表す can は may と同様に E 用法に位置づけられているように考えられる。

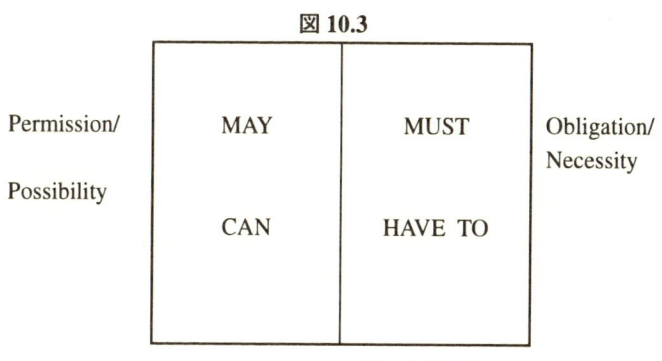

図 10.3

Permission/ Possibility	MAY	MUST	Obligation/ Necessity
	CAN	HAVE TO	

(Leech (1987², p.80))

しかし、Coates のところで触れたように Leech は、can を theoretical possibility, may を factual possibility と区別し、パラフレーズも can は it is possible for...to~ に、may は it is possible that~ のようになるとしていることから、can はむしろ R 用法寄りということになる。

Palmer (1979) は既述のように (9) や (14) のような can を existential modality と呼び、(15) のような E 用法の may とは区別している。

(14) Lions *can* be dangerous. (= It is possible for lions to be dangerous.)
(15) Lions *may* be dangerous. (= It is possible that lions are dangerous.)

Palmer は、existential modality は法性 (modality) というよりも量化 (quantification) を表す用法であり、(14) は 'Some lions are dangerous.' という意味である、としている。Palmer は existential modality の否

定形は epistemic にひじょうに近いものであるとも述べている。

安井 (1989) は,

(16) a. Prices *can* go up again.
b. Prices *may* go up again.

において, (16a) の can を E 用法であるとしながらも, (16b) とはニュアンスが違うとしている。(16a) は物価上昇の兆しが特に目につくというわけではなく, 一般論として物価上昇はありうると, いわば, 突き放した感じであるのに対して, (16b) は物価再上昇を占う場面的状況が眼前にある場合に用いうる, としている。安井は, 結論として, 肯定平叙文における can の E 的性格の強い用法は, may によって表される E 的用法に比べて, その守備範囲は極めて限られていて, E 的に用いられる can は, E 用法の must [not...] の肩代わりとして用いられる can't と, おそらく, その同類としてよい疑問文における can が典型的なものであり, 肯定平叙文における can の E 的用法は, あるとしても, 周辺的なものと考えてもよいのではないか, と述べている。

10.1.4 資料から見た can

ここでは, 筆者が収集した資料を分析しながら, can の E 用法に関する筆者の立場を述べてみることにする。

10.1.4.1 疑問文における can と進行形 / 完了形との共起

Coates (1980, 1983) を検討したところで疑問点として述べておいたが, 果たして, can には肯定平叙文のみならず疑問文にも E 用法はないのだろうか。また, can't をわざわざ, must の missing negative と位置づけて, can とは別個の語として扱っているが, その必要があるのだろうか。

Coates (1983, p.44) にもあるように, E 用法の場合には進行形ま

たは完了形と共起する,という統語的な判定基準がある。R 用法で,完了形または進行形と共起したものは 1 例も見つかっていない,と Coates は述べている [1]。太田 (1980, pp.460-1) も,この統語上の制限を認めている。

そこで,次の 2 つの仮説を立ててみることにする。

1) 疑問文の中で,can と進行形または完了形と共起していたら,それは E 用法の can である。
2) 1) が成り立つ場合には,Coates のように,can't と,少なくとも疑問文における can とを別関係の語と考える必要はない。

調査した 23 点の小説,3 点の映画シナリオ,12 点の CBS ニューススクリプト集の中に,疑問文における can と進行形との共起は 2 例 (17a,b),完了形との共起は 1 例 (18) あった。(作品名は巻末の資料一覧を参照願いたい。)

(17) a. What *can* he *be doing* under oak tree?　　(Murdoch (2), p.69)
　　　b. What *can* he *be doing* beside well?　　(Murdoch (2), p.69)[2]
(18) 'What do you think it *can have been*, doctor?'
　　　'Possibly cramp. Will you tell me exactly what happened?
　　　　　　　　　　　　　　　　　　　　　　　(Christie (3), p.115)

(17) は同一人がたて続けに言ったセリフであるので,2 例と言うよりは,1 例と言ったほうがよいかもしれない。

これに加えて,もし,E 用法の法助動詞の特性である状態動詞 (stative verb) (cf. Coates (1983) p.44 および p.151) との例があれば,上記の仮説が証明されるのではないだろうか。資料には 2 例見つかっている。ただし,1 例は間接疑問文である。

(19) a. Waiting for a decision! In the name of God, why wait? What other decision *can* there *be* but to withdraw Montayne?

(Hailey (3), p.348)

b. You know. I can't see what on earth there *can be* in that to put the wind up anybody.　　　　　(Christie (2), p.50)

しかし，言語現象の法則について，わずかな反証でもって，その法則が覆されるというのも正直なところ問題があると思う。そう考えると，結論は保留して，見付けられた資料は例外の例としながら，さらに，反証例を探し求める姿勢が適切なのかもしれない。

準否定語の hardly が使われている文 (20) も見つかっている。これは，否定表現が can't に限ったものではないこと，さらには，can't があくまでも，can の否定語であることの有力な証拠になるものであると思われる。

(20) "Mr. Dyson calls his wife 'Lucky'. Is that her real name or a nickname?" asked Miss Marple.

"It *can hardly* be her name.I should think."　　(Christie (6), p.19)

10.1.4.2　肯定平叙文における can

E 用法の特性は既述のように，進行形または完了形との共起が存在し得るかどうかによるわけだが，肯定平叙文における can との共起の例もある。資料から，完了形の場合が 2 例 (21a,b)，さらに，一種の間接話法と考えられる文の中に，完了形と進行形が並んで出てくる例 (22) も見つかっている。(22) は，時制の一致を解いた場合に，can の読みも可能であろう，という例になるわけである。

(21) a. "Let me look again." Frances straightened up with a frightened face. "Do you think there *can have been an accident*?"

(Murdoch (3), p.262)

b. They *can* even *have spit* all over the pillow and they still look right. (Salinger, p.166)
(22) Miguel had been wondering if he had made a mistake in not letting Rafael kill the old woman on the parking lot. She might not have believed the honey story about what she had seen being part of a film. By now she *could have spread* the alarm. Descriptions *could be circulating*. (Hailey (1), p.113)

安井 (1989) は,肯定平叙文における can はごく制限された中で,いわば,周辺的な用法として存在するのではないか,と言っているが,安井には,その事例が与えられていない。

(21) の場合は,明らかに,can と完了形とが共起しているわけで,この例は,肯定平叙文においても can の E 用法が存在することの有力な証拠となるだろう。しかし,なにぶんにも実例が少ないので,E 用法の存在を支持する何か別の証拠を見いだす必要があるだろう。このように考えてくると,すぐに気付くのは,E 用法の may も must も状態動詞を取るのがふつうであるという点である。この条件に合致するものとして,Leech (1987²) が theoretical possibility として挙げているものの一部 (23) や,Palmer (1979) が existential modality として挙げている (24) などがある。これらは,安井 (1989) の言う,境界領域のものと言うことができるのではなかろうか。

(23) This illness *can* be fatal.
(24) Lions *can* be dangerous. (= (14))

しかし,これらはいずれも,It is possible for...to~ とパラフレーズされるのが自然であるので,Coates (1983) に従えば,R 用法の possibility を表すもの,ということになり,(25), (26) が E 用法として自然なのとは異なるわけである。

(25) a. This illness *may* be fatal.
　　 b. This illness *must* be fatal.
(26) a. Lions *may* be dangerous. (= (15))
　　 b. Lions *must* be dangerous.

　canのE用法の存在領域を探る上で考慮しなければならない，もう1つの点は，Coates (1983)の言う，R用法でpossibilityを表すcanの生起条件を知っておくことである。E用法を探る場合に，この範囲を除外しなければならないからである。

　Coates (1983) は，R用法でpossibilityの典型的な例として(27)を挙げている。

(27) a. Well I think there is a place where I *can* get a cheap kettle. (p.95)
　　 b. We believe that solutions *can* be found which will prove satisfactory. (p.96)

　これは，mayのR用法possibilityの例として挙げているものと条件が類似している。

(28) a. I am afraid this is the bank's final word. I tell you this so that you *may* make arrangements elsewhere if you are able to. (p.132)
　　 b. but some years of experience suggest two or three guiding principles by which the speaker's efforts *may* be judged. (p.141)

　つまり，動作主動詞（agentive verb）と受動態がR用法の特性と言うことができる。E用法の存在の可能性を探る場合はこれを除外すればよいということになる。

　筆者の資料には，このような境界領域にあると思われるものが，28例見つかっている。ここでは，典型的なものと思われるものを

取り上げ，若干の検討を加えてみることにする。

(29) a. Briskly, Rita related what she had learned, telling Patridge, Minh and O'Hara; "This *can* be big..."　　　(Hailey (1), p.22)
   b. ...that someone *can* seem, and in fact be, quite different with one person from what he is with another.　(Murdoch (3), p.26)
   c. "...And anyone *can* be late once in a while."　(Sheldon p.263)
   d. But you don't have to be a bad guy to depress somebody—you *can* be a good guy and do it.　　　　(Salinger p.175)

この4例を見ると，(29a,b) と (29c,d) とでは，微妙な差が存在するように思われる。4例とも主動詞は状態的であり，その限りでは変わりはない。しかし，後に来る形容詞は，(29a,b) は状態的であり，(29c,d) は非状態的である。Palmer(1979) によれば，どちらかというと，R用法的に解釈されている existential modality の場合は，sometimes または，some + 複数名詞を使ってパラフレーズができる，という。(29c) の once in a while は sometimes と言い換えができるので，ちょうどこれに該当する。(29a) は，(29c) に似ているように見えるが，This can be big はストーリーの文脈から「これはビッグニュースかもしれない」という意味に取ることができ，この場合の This は眼前の一回限りの出来事を指しているので，sometimes や some をもってパラフレーズすることはできない。

(29b) の seem は典型的な状態動詞であって，Ota (1972) によれば，E用法の法助動詞との共起がふつうで，R用法との共起は異常である，とされているものである。(29d) の good は非状態的であり，さらに，can は非状態動詞の do とも結びついているので，R用法的と言うことができるであろう。

以上のように考えると，(29a,b) の can は E用法であり，(29c,d) は，R用法である，ということになる。すでに述べたように，肯定平叙文の中で，can が完了形または進行形と共起する可能性があるわけ

で，can + 動詞の原形の形で E 用法が存在してもよいはずである。その E 用法の生起する条件はどうやら，①動詞も形容詞も状態的であること，②一回限りの特定の事実に言及するときに限られる，ということになりそうである。

10.2 could の E 用法

can の E 用法は，たとえ存在するとしても，きわめて限られた条件の下で生起するらしいことを見てきたわけだが，それに対して could の E 用法は，may や might と同じような条件下で比較的自由に出現するように見える。could がなぜ，また，どのように E 用法として使われるかを調べることを通して，can の E 用法の生起条件が絞れる可能性もある。ここでは，先行研究を簡単に見た後で，could の統語的な特性を資料に基づいて検討する。

10.2.1 従来の研究

荒木・他 (1977) は，E 用法の法助動詞の過去形は，現在の（すなわち，発話時の）控え目 (tentative) ないし幻想的な (hypothetical) 話者の判断を表す，として could については，(30) を例示している (p. 354)。

(30) The road *could* be blocked.

Leech (1987[2]) は，might も could も factual possibility を表す may の代用として頻繁に用いられ，その意味は，仮想的な助動詞が「予想に反して」(contrary to expectation) という含意を持つので，「可能性の表現」に，控えめで慎重な (tentative and guarded) 意味合いを添える，としている。Leech は (31) のような文は，'It is barely possible that...' または，'It is possible, though unlikely, that...' とパラフレーズできる，としている。これは，すでに見てきたように E 用法の意

168

味特性を備えているということができる。

(31) There *could* be trouble at the World Cup match tomorrow.

Coates (1983) は，may も might も E 用法のときには，「命題に対する話者の確信の欠如」(the speaker's lack of confidence in the proposition expressed) を表すもので，双方とも「(言質をとられないための) ぼかし表現」(hedge) であり，意味の差はない，としている。さらに，might は 1 つの独立した語として E 用法の may に取って代ろうとするほどの勢いになっている，と述べている (p.153)。may や might は「ぼかし表現」でありながら，その意味するところは，probably (might well) から，tentative possibility までをカバーするのに対して，could は tentative possibility のみを表すように見える，と Coates は述べ，Leech とは若干ニュアンスの違う見解を示している。Coates は could と進行形との共起の用例がないので，この共起は起こらないようだと述べている (p.166)。しかし，筆者の資料には 3 例見つかっている。

(32) a. Surely the same man *could* not b*e standing* by Gina and *coming* in by the door.   (Christie (5), p.86)
 b. Who *could be calling* on him at this hour and *ringing* his bell with such dreadful urgency?   (Murdoch (5), p56)
 c. There *could be drifting* apart.   (Murdoch (5), p.437)

Coates (1983) は，E 用法の可能性を表す法助動詞が十分あるのに，なぜ，could にもこの用法があるのか，その理由は，might との類推で生じたと言うのがもっとも簡単な説明であるとし，現代用法では，might には欠けるようになった「ためらいがちな可能性を述べる E 用法」(tentative Epistemic possibility) の意味を埋める役割を果たすようになっているのではないか，と述べている (pp.166-7)。こ

の点では,Leech (1987²) とほぼ同様の見解である。

Palmer (1979) は,could は扱いが非常にむずかしいと述べ,最終的には,あくまでも theoretical possibility を表すので,E 用法よりも dynamic modality に属するものである,としている。

Quirk et al. (1985) は,(33) を例示して,could/might が E 用法の may の関連語として tentative possibility を表す,としている。

(33) a. There *could* be something wrong with the light switch.
　　 b. Of course, I *might* be wrong.

10.2.2　could + 動詞の原形

10.2.1. で検討したように,Palmer (1979) 以外の研究者はおおかた could の E 用法を認めているわけだが,統語的特性については,Coates (1983) を除いては触れていない。Coates は進行形との共起はないようだ,としたが,それに対して反証となると思われる例を (32) で示しておいた。ここでは,意味解釈の上で,カギを握ると思われる「could + 動詞の原形」がどのような条件の下で使われているかを検討していく。

E 用法の could がどのように使われているのかを実際に調べてみると,興味深いことに,小説などよりも,むしろ,映画のシナリオや CBS ニュースのスクリプトにより多く見出すことができるということである。これらは,純粋な音声教材ということはできないが,現在の口語表現の動向をかなり忠実に反映しているものと考えてよいだろう。(34) は典型的な例と判断できるものである。

(34) a.　"*Could be* a monkey or a...or an orangutan or something."
　　　　　　　　　　　　　　　　　　　　　(SCREENPLAY (1), P.40)
　　 b. "Well, how long do you think she's gonna be out?"
　　　　"I'm not quite sure. She received quite a shock. It *could* be for
　　　　a few minutes."　　　　　　　　　　(SCREENPLAY (2), P.44)

c. "On the other hand, it *could* just be an amazing coincidence. Damn! Gotta fix that thing."　　(SCREENPLAY (2), P.62)
　　d. But as a group of senators recently warned President Bush, if the Federal Reserve raises rates too high, there *could* be grave risks.　　(CBS NEWS (5), p.13)

　前節で触れたように，could の E 用法が「控えめな可能性」(tentative possibility) ないし「仮想的」(hypothetical) な話者の判断を表すという点では，多くの研究者の意見は一致しているし，このことは (34) を見ても確かなように見える。恐らく，仮定法が本来意味する「ありえない」という気持ちを，そのまま流用して，断定性を弱める効果を生み出す表現になっているものと考えられる。(34d) のように，直説法の現在形を含む if 節と E 用法の could との共起は，仮定法と直説法との間の不安定で宙ぶらりんな印象を与え，そこから，「控えめな可能性」の意味がにじみ出てくるように思われる。

　ところで，(34) の could をそっくり can に置き換えた (35) は，E 用法としては受容しにくいように思える。少なくとも，could と同義にとらえることはできないようである。

(35)　?a. "*Ca*n be a monkey or an orangutan or something."
　　?b. "Well, how long do you think she's gonna be out"
　　　　"I'm not quite sure. She received quite a shock. It *can* be for a few minutes.
　　?c. "On the other hand, it *can* just be an amazing coincidence. Damn! Gotta fix that thing."
　　?d. But as a group of senators recently warned President Bush, if the Federal Reserve raises rates too high, there *can* be grave risks.

couldが上で述べたように，仮想的な，一歩退いた確信のなさのようなものが付与されるために，may と極めて近い意味になるのに対して，can の場合には positive な，つまり，話者の確信があけすけに言い表されるように受け取られるので，避ける傾向があるのかもしれない。

10.3 まとめ

以上，Coates (1980, 1983) をもっとも多く引用しながら，考察を進めてきたわけだが，筆者の資料によると，次の点で，Coates とは違った結論に導かれる。

1) Coates は，疑問文における can の E 用法を認めないが，10.1.4.1 で述べたように，疑問文における can と進行形および完了形の共起が見つかっている。さらに，can + 動詞の原形にも E 用法と思われるものが見つかっている。したがって，疑問文における can の E 用法は存在するものと考えられる。
2) 10.1.4.1 で述べたように，肯定平叙文においても，can と共起していると解釈できるような例が見つかっている。したがって，can + 動詞の原形の場合は，「ぼやけ集合」(fuzzy set) のような形で，きっぱりと裁断できない例が多数に存在するのであるが，統語的な側面から判断すると，肯定平叙文にも can の E 用法は存在するように考えられる。
3) Coates は，could と進行形の共起はない，としているが，10.2.1 で述べたように，3 例見つかっている。したがって，統語的特性においては can と変わらないように考えられる。

最後に残された問題は，果たして，肯定平叙文に E 用法の can + 動詞の原形が存在するかどうか，ということである。これまでに述べてきたことを総合すると，動詞および形容詞が状態的であるとき

に，E用法が存在する。このように考えてくると，一般に言われるように，mayのE用法については，非状態動詞も取り得るのに，mustの場合には，状態動詞に限られるということとの関連である。つまり，canはmustに近い意味を持っているのではないか，ということである。これは，must notの補完形としてcan'tが存在する，ということと符合する。さらに，Coates (1983) も言っているように，might wellがmustの本来的な意味であるprobableの意味を持つということとも関連する。つまり，mayも形を変えると，mustの意味に近づくということは，must, may, canには意味的なつながりがあるのではないか，ということである。このように考えてくると，はじめのほうで紹介した，Halliday (1985) のprobabilityの尺度（図10.1）が思い起こされる。この尺度のmustとmayとの間のどこかにcanを位置づけられないか，という推論である。しかし，村田 (1988) が指摘するように，canのpositiveな意味あいが，かなり，断定的，あるいは，執拗なニュアンスを与えるために，聞き手（読み手）に不快感を与えるのではないか，そのために，使用頻度が下がるのではないか。結論的には，安井 (1989) の言うように，周辺的な位置づけを与えておくのが，妥当なようである。

注

(1) R用法における進行形との共起については，Ota (1972) および本書第9章を参照のこと。
(2) 資料的な価値の観点から，周辺的と思われる例のすべてを挙げておく。

 A. 直接話法の中で
 1) "There need to be changes in our news format."
  "There *can* be," Chippingham told him. (Hailey (1), p.133)
 2) "With a kidnapping. Mr Sloane, publicity *can* be harmful...."
  (Hailey (1), p.147)
 3) "I don't believe that anyone as emotionally involved as I am at this moment *can* be objective about that." (Hailey (1), p.189)

4) "...Defacing the currency *can* be a criminal offence, though it's seldom, if ever, enforced...." (Hailey (1), p.415)

5) "...It's important because the area is part of the Selva, where jungle diseases abound and *can* be fatal...." (Hailey (1), p.545)

6) "The jungle *can* be a friend; it *can* also be an enemy," Fernandez pointed out." (Hailey (1), p.567)

7) "If this operation is as big as you say, it *can* also be dangerous...." (Hailey (2), p.151)

8) "I know what you're thinking. Andrew—that power *can* be obsessive and corrupting...." (Hailey (3), p.45)

9) "Living proof that an outstanding woman, occasionally, *can* be every bit as good as a man." (Hailey (3), p.48)

10) "This place needs scouring, painting, organizing, but it *can* be beautiful ...." (Hailey (3), p.52)

11) "I have to warn you my mother won't know either of us,or why we're there. The effect *can* be depressing." (Hailey (3), p.200)

12) "The harmful part is called a side effect, though there *can* be harmless side effects too." (Hailey (3), p.352)

13) "...Obviously some caution a lot of caution about new drugs is needed, but too much *can* be bad...." (Hailey (3), p.413)

14) "I *can* be a good friend," he said quietly. "Let us hope that you and I are never enemies." (Sheldon, p.150)

15) "Once Sylvia has made her mind up she *can* be obstinate as the devil." (Christie (2), p.139)

16) Enthusiasm in itself *can* be extremely wearing, Miss Marple thought. (Christie (5), p.62)

17) "But by the very nature of things, none of them *can* be suspect in this case." (Christie (5), p.108)

18) People who *can* be very good can be very bad,too. (Christie (5), p.215)

19) "Men *can* be extraordinarily obtuse," said Evelyn thoughtfully. (Christie (6), p.69)

20) "Maybe not," said Donald, "but Demoyters *can* be quite unpleasant enough on his own account. (Murdoch (1), p.138)

21) "You realize. I suppose," she went on. "that your parents have paid in advance for tuition and meals up to the end of next term, and there *can* be no question of refunding that money? (Murdoch (2), p.12)
22) I *can* be very sarcastic when I'm in the mood. (Salinger, p.25)
23) She *can* be very snotty, sometimes. She can be quite snotty.

(Salinger, p.173)
24) I told you she *can* be snotty when she wants to. (Salinger, p.215)
25) But I have hurt them both badly and neither one *can* feel very good.

(Hemingway (1), p.103)

B. 間接話法相当表現の中で（時制の一致を解けば，can の読みが可能なもの。）

1) "If you ask me," said Hillingdon. "I don't think he ever liked to admit that there *could* be anything the matter with him or that he *could* be ill." (Christie (6), p.40)
2) She would have to be quick about what she wanted to say. There *could* be no leading up to things. (Christie (6), p.54)

Appendix 「ロラード派の系譜」
聖書の翻訳とその継承をめぐって

　ここに一冊の書物がある。トレヴェリアン (George Macaulay Trevelyan 1876-1961) の *England In The Age of Wycliffe*, 1368-1520 である[1]。初版は1899年2月トレヴェリアン弱冠22歳の時のものである。ケンブリッジ大学トリニティカレッジの特別研究員 (fellowship) の資格を得るために提出した論文が基になっていると序文に記されている。まさにトレヴェリアンの出世作であり、歴史家としての洋々たる人生の門出を飾るにふさわしい書物となったのである。書名に注目してみると、その奇妙さに一瞬戸惑いを感じさせられる。ジョン・ウィクリフ (John Wycliffe) があたかも1368年から1520年までの150有余年を生きたかのように錯覚してしまう。もちろんそうではない。彼の生年は1330年前後と推定されているし、没年は1384年であるから、この年数は、ウィクリフの壮年の時期から、彼の死後130年あまりを指していることになる。これをトレヴェリアンは「ウィクリフの時代」と呼んでいるのである。1520年というのは、ルターのヴィッテンベルグの出来事（1517年）の数年後のことであるから、宗教改革の流れの中に「ウィクリフの時代」が合流していることを暗示していることになる。イングランドの歴史を切り取って、これだけの年数をウィクリフという個人名に当て、しかもその終わりの年を宗教改革に結びつけるという大胆な発想の中に、トレヴェリアンの若き時代の歴史観と意気込みを見ることができる。ウィクリフの死後百数十年とは何を意味するか。それは他ならぬ彼の信奉者「ロラード派 (Lollards)」の活動時期を指している。あとで度々引用することになるが、結局、この書物はウィクリフというよりは、「ロラード派」の歴史を描いたものだということになるのである。

ロラード（おしゃべり屋）というあだ名は，ピューリタンというあだ名に比べて，なんと品のないことばであろうか[2]。ウィクリフの信奉者たちは，師の亡き後，こう呼ばれることになる。彼らは，仕事もせずに集まってはおしゃべりを楽しむという手合いではなかった。それどころか，ウィクリフの教えに忠実に従い，聖書を真剣に学び，信仰の問題について議論し，伝道活動に熱心に従事するという献身的なグループであった[3]。そして，これから検証するように，彼らの働きは，イングランドの歴史の上に決して無視し得ない足跡を残していったと考えられるのである。とりわけ，本章は，ウィクリフを助けて，イングランド史上初めての聖書全巻の英訳を成し遂げ，さらにその聖書を継承して伝道活動を続けたロラードの群れに注目し，その姿を歴史的に追うことになる。それは，ウィクリフ在世の時代から始まって，ウィクリフに出会う機会には恵まれなかったが，彼の信仰に倣って英訳聖書を用いて伝道活動に従事し，そのゆえに殉教の死を遂げるに至った，いわば孫弟子の係累をも視野に入れて探索を試みることを意味する。恐らくその探索は，16世紀にまで至り，宗教改革の大きな流れに合流し，その存在は，しかと見分けることができなくなってしまうかもしれない。しかし，ウィクリフの信仰と思想に生きた群れがどこかに存在していたにちがいない。トレヴェリアンはそのことを支持する一人であると言うことができる。そして，その流れはさらに下って，17世紀に及んでピューリタンとの出会いにまで至ることを試みることになる。

11.1　ウィクリフの生涯管見

　はじめに，ロラード派の師たるウィクリフの足跡を簡単に見てみることにする。源泉がどのようなものであったかを確かめておくためである。
　14世紀後半のイングランドで，最も優れた学者のひとりとしてジョン・ウィクリフを挙げることは不当ではないであろう。彼は卓

越した聖書理解に基づいて築き上げられた信仰的良心と真理に悖る不正に対する怒りとを内に静かに留めておくことができなかった[4]。

ウィクリフはルター (1483-1546) やカルヴァン (1509-1564) がヨーロッパに宗教改革の明かりを灯す百年以上も前に、改革に対する強固な意志を固め、（一）ローマカトリック教会の制度的な改革、（二）貧しい人々に聖書に基づいた福音を述べ伝えること、（三）神のことばを民衆の手元に届けること、この三つの課題を一生の仕事として自らに課した[5]。ウィクリフは、聖書よりも伝承に重きを置くカトリック教会の教義を攻撃した。彼の教説は聖書に絶対的権威を帰するところから始まっていた。それは後にルターが明言することになった「聖書のみ」(sola scriptura)[6] に相通じる信条である。ウィクリフは sola scriptura という言葉は用いないが、次のように述べている。

　　まず第一に大切なことは、キリスト者、とりわけ聖職者は、罪深い人間が作り出した新しい法律や慣習や説教の上にみことばの権威を置いて、学び、教え、そしてそのみことばの保存に努めなければなりません[7]。

彼の説くところは、次第に個人の信仰に、そして聖書の研究に求心力を強めていった。それは目に見える現実世界よりも、目に見えない世界へと人々をいざなう性質のものであった。この教説は、やがて、ウィクリフを政治的運動の代弁者として利用しようとした者たちの反撥を招き、政治的目的の達成を目途とする支持者は離反することになる。それと同時に、当時の通念であった聖職者の仲裁的権力に対するウィクリフの鋭い批判は、当然ながらカトリック教会との激しい論争を引き起こすことになった[8]。

ウィクリフについて語る時、忘れてならないのは、聖書全巻の英訳の事業である。英語に限ってみるならば、イングランド史上初めてのことであり、それは百数十年後のティンダル訳に影響を与え、

さらにそのティンダル訳は少なくとも 80 パーセントが欽定訳に引き継がれた [9]。その後、もろもろの改訂を経て現代訳へと繋がっているのである。

今日では、聖書は約 400 の言語に翻訳され、廉価で一般の人々が容易に手にすることができる。そこには、ウィクリフの精神を継承した「ウィクリフ聖書翻訳協会」の隠れた貢献があることもついでながら触れておかなければならない [10]。

ウィクリフの時代の一般民衆へのキリスト教伝道は、巡回托鉢修道士によるものが多かった。彼らの説教は、聖書を持たぬ民衆に向かって荒唐無稽な空想話を折り込んで面白おかしく語るのが一般的な風潮であった [11]。ウィクリフはこの風潮に憤りを感じていた。この時代、聖書の一部はすでに英語に翻訳されてはいたが、それは古い英語で書かれたものであって、一般民衆の手に届かぬ存在であり、無きに等しいものであった [12]。

ウィクリフはラテン語に秀でた学者であったが、ギリシア語とヘブル語は詳しくはなかった。彼はウルガタ (Vulgata) からの英訳を行った。ウィクリフの名を冠する英訳聖書は前期訳 (the Early Version)（以後、EV）と後期訳 (the Later Version)（以後、LV）の二種類が現存している。のちに触れるように、ウィクリフみずからがどの程度、翻訳に関わったかについては、いまだに議論百出の状態である。しかし、民衆の手に聖書を届けたいというウィクリフの篤い願いが信奉者ロラードたちを奮い立たせ、ウィクリフの生前は彼の指導の下で、そして、死後は、より一層強く迫害の嵐が吹き荒ぶ中を、ロラードたちが次々に立って、訳業の完成へと向かったものと想像される。

ウィクリフの晩年における最大の闘いは、1381 年にその立場を明らかにした化体説 (transubstantiation) の否定であった [13]。司祭が「聖別の言葉」を述べると、その瞬間にパンとぶどう酒はキリストの肉体と血に変わるという教理は、ウィクリフ自身もその生涯の大半にわたって信じていたものではあった。しかし聖書の真理を学ぶ

につれて、化体説の欺瞞性を糾弾せざるを得なくなった。彼の晩年の教えは、聖職者には超自然的な力が宿っているという当時のカトリック教会の伝統的な教説とは真っ向から対立するものであった。伝統的に受け継がれてきた、この魔術的な力の信仰こそが、キリスト教国における聖職者支配を長年にわたって可能とさせてきたものである。化体説を糾弾したウィクリフ自身は、後のルター派のように、キリストの肉と血の本質は聖餐のパンとぶどう酒の本質に共存するという実体共存説 (consubstantiation) の立場に立つことになった [14]。

ウィクリフは数々の論争を経て、生命の危機を何度も経験しながら、晩年はオックスフォードを追われ、ラタワースに住んだ。反対者は異端の罪で彼を告発して、死刑にまで追い込もうと度々試みたが、一般民衆の支持に打ち克つことができなかった。できたのは、ウィクリフをラタワースに追いやるくらいのことでしかなかった。そしてラタワースは聖書の教えがイングランド全土に広められる発信基地となったのである [15]。

反対者の執拗な糾弾は、ウィクリフの死後も続いた。ウィクリフの死後、半世紀も過ぎてから、墓はあばかれ、彼の骨は焼かれ、ラタワースの川に流された [16]。さらに、完成した英訳聖書の写本の多くは焼かれて失われた。そして、糾弾の矛先はウィクリフの信奉者、すなわち、ロラードに向けられ、数多くの殉教者の群れを生むことになった [17]。

ウィクリフの死後百数十年を経て、ヨーロッパ大陸で始まった宗教改革をイングランドも経験することになる。この時、ウィクリフの業績が再評価され、彼は「宗教改革の明けの明星」(The morning star of the reformation) とか「宗教改革の先駆者」(the herald of the reformation) と言われるようになったのである [18]。

11.2 聖書の翻訳者たち

ローマカトリック教会には,聖書を英訳しようという動きはまったくなかった。むしろその逆で,一般民衆から聖書を遠ざけておきたいという考えが支配的であった。ウィクリフは十分にこのことを認識していた。彼は人生の後半に至り,たとえ聖書の一部でもよいから,これを英訳してできるだけ多くのイングランド民衆の手に届けたいという願いを強く持つようになった。聖書全体を英訳することを決心したのは,1370年代の後半であったと推定される [19]。最初のうちは,聖書を少しずつ翻訳して「貧しき司祭たち (Poor Priests)」に託した。「貧しき司祭たち」は主としてオックスフォードの学生たちから成っており,彼らは隊 (band) を組んで伝道旅行に出掛けた。この群れはやがて,揶揄の気持ちを込めて「ロラード」と呼ばれるようになった。ロラードの中には,福音を語ることだけでは飽き足らず,政治的行動に出る者も現われた。このことは,教理的な問題について教会と激しい対立をしていたウィクリフの立場を益々複雑なものにした [20]。

英訳された聖書の一部をイングランドの民衆に届ける方法として,ウィクリフは伝道用トラクトを作成した。学生たちを動員して大量のトラクトを作り,「貧しき司祭たち」に配布させた [21]。

言うまでもなく,現存するトラクトの数は限られており,しかも,ウィクリフの書いたものであるかどうか,真正性についてもいろいろな議論がある。このような事情の中で,信頼に足るほとんど唯一の書物と言えるのは,F. D, Matthew(1902初版,1998年復刻版)であろう。以下に掲げるものは,同書からの引用である [22]。このトラクトでは,ウィクリフは興味深いことに,ローマカトリック教会の忠実な僕という立場を取って,一部の托鉢修道士の行き過ぎを指摘している。このトラクトは,1381年よりも前に作られたものと思われる。ウィクリフの立場が,この時点では,化体説とははっ

181

きり訣別していないように読み取れるからである。

　新しい修道士の集団は異端的であります。キリストがパンを手に取って，祝福し，それを裂いて，弟子たちに与えた時に，キリストの言葉のゆえに，そのパンはキリストの体となったということを，彼らは信じません。聖体は，それまでは，白くて丸いパンであったものが，キリストの言葉のゆえに神の体になったということを，彼らは信じません。神の体はパンとは別に存在し，パンは神ではないし，裂かれたパンはパン以下のものになってしまう，と彼らは言います。彼らは，ローマ教皇庁や司教や高位の聖職者を非難しています。修道士たちは，信仰の兄弟たちを非難したばかりか，キリストをはじめに非難し，天の御国を所有なさる王であられる方を，異端者と言ったりするのです。このことを，おおやけに言うことは恥じて，こっそりと言うのです。これらの修道士たちは長いこと，このような間違った信仰を持ち続けているので，キリスト者は，彼らを信仰から離れた異教徒と考えて避けるようにしなさい……彼ら修道士たちはこのようにしてみことばを曲解し，みことばを欺き，新たに自分たちの信条を作り，それを正しいとするのです。聖書は間違っており，異端に満ちていると言い，秘かに，キリストも彼の弟子も昔の聖人もローマ教皇庁も明らかに異端であると言うのです。

さらにウィクリフは別のトラクトにおいて，一般民衆の無知につけ込んで聖書に対して不遜な態度を示す托鉢修道士を攻撃しつつ，聖書を英訳することの必要性をおよそ次のように述べている。

　托鉢修道士たちは聖書を翻訳することは異端であると言うが，それは間違っている。彼らは次の三つの理由によって聖書の英訳に反対しているのである。第一に，聖書を知っているのは，托鉢修道士たちだけだと一般民衆に信じ込ませておきたい。第二に，

自分たちにとって都合のよい点だけを聖書から教えたい。第三に，一般民衆が自らの力で聖書を読んで，托鉢修道士たちの間違いに気付いては困る。

聖書英訳の必要性また必然性を次のように考える。ペンテコステの時に，使徒たちは外国語を話す賜物を与えられたが，それは，外国伝道において一般民衆に分かる言語で福音が語られるためであった。フランスではすでにフランス語訳の聖書がある。イングランドの民衆は英語の聖書を自ら読んで，神の教えを学ぶべきであり，また，托鉢修道士の間違った教説に気付くべきである[23]。

ウィクリフはまた，トラクト伝道の経験を通して，聖書翻訳の必要性に確信を持つようになった。聖書翻訳に着手したのがいつ頃であったのかは断定できないが，前述のように，1370年代の後半から1380年代の始めの頃であったと推定される。そして，この事業はウィクリフ自身の死（1384年）以降も続行され，数年のうちに旧約，新約全巻の英語訳が完成したものと思われる。しかも，EVとLVの二種類の訳業が数年を置かずに完成したのである。EVはウルガタ聖書の逐語訳であり，英語の文法構造から見るならばぎこちなさを免れないものである。それに比べてLVはいわば，ラテン語から自由にされた当時の庶民の英語を忠実に反映した翻訳となっている。その後，16世紀に至ってティンダルがヘブル語およびギリシア語原典からの翻訳（新約全巻と旧約の一部）を出版するまで，英語の聖書といえばウィクリフ聖書しか存在しなかった。

ウィクリフは翻訳に着手するにあたり数人から成る翻訳グループを構成した様子がうかがわれる[24]。それは，オックスフォードの同僚および学生たちから成り立っていた。後にロラードと呼ばれるようになったウィクリフ信奉者の初期のグループ，すなわち直弟子のグループの形成である。

翻訳作業はローマカトリック教会を刺激しないように，いわば，秘密裏に行われなければならなかったという事情もあって，後で触

183

れるように，どのような人物が関わったのかを特定することは困難である。とりわけ，ウィクリフの死後，だれが中心になって翻訳事業の完成へと導いたのかははっきりしない。また，ウィクリフ自身がどの程度，直接的に関わったかについての議論も決着を見ていない[25]。一般的な見解としては，ウィクリフが自ら訳した部分は少なく，大部分はロラードたちによるものと考えて，この聖書をウィクリフ聖書 (the Wycliffe Bible) と呼ぶよりは，ウィクリフ派聖書 (the Wycliffite Bible) あるいは，ロラード（派）聖書 (the Lollard(y) Bible) と呼んでいる研究者もいる[26]。

ハドソン (Anne Hudson) によれば，現存する写本は断片も含めて250点あり，そのうちの21点は聖書のほぼ全巻を収めているという[27]。今から150年ほど前にForshallとMaddenはこれらの断片資料を編集して，A4版相当で4巻合わせて3200頁の完本として出版した（以下はFM版と略記）[28]。その後，今日に至るまで，これに類するものは出版されていない。FM版には，訳者による長文の総序 (General Prologue) が付けられており，編纂の行程と翻訳上の工夫が詳しく述べられている。ここでは，翻訳の方針に関する記述を一部要約して紹介する[29]。

　まず心得ておかなければならないのは，ラテン語を英語に訳す最良の方法は，原文から離れすぎないように心がけつつ，意味に応じて訳すことである。ラテン語原文に沿い過ぎてしまって逐語的になってはならない。文の意味がいつも完全明瞭であるようにしなければならない。なぜなら，言葉は意味内容を表すためのものであるからである。そうでなければ，言葉は不要なものとなるか，人を欺くものとなってしまう。ラテン語を英語に訳す時，分析的な方法を用いると文意がはっきりすることがある。ラテン語の独立奪格文 (ablative case) の場合は，文法家が言うように while, for, if の3つのうちのどれかと，動詞を用いて分析的に表せる。具体例を挙げてみると，直訳すれば the master reading, I stand と

なるものを,while [if, for] the master reads, I stand のように言い換えてみるのである。ときには,when とか afterward を用いて表現したほうが,ラテン語の文意に一致することもある。またときには,ラテン語の現在分詞や過去分詞であったものを,主文の動詞と時制を合わせて and で結ぶとうまくいく場合もある。たとえばルカ 21.26 は arescentibus hominibus prae timore を and men should wax dry for dread(そして人々は恐怖のあまり気絶するであろう)とするのである。またラテン語の現在分詞または過去分詞の能動形または受動形は,同じ時制の動詞と接続の言葉で分析できる。たとえば dicens [saying] は,and says または that says にする。このように逐語的に英訳したのでは意味不明で分かりにくくなってしまうものを,上に述べた方法を用いれば意味が明らかになる場合がたくさんある。また関係節は,接続詞と代名詞を用いて分析的に言い換えることができる。たとえば qui currit (who runs) は and he runs とするのである。またラテン語原文では一度しか使われていない言葉も,英訳では意味をはっきりさせるために,何度も用いるという方法を取った。ラテン語の auten, vero はふつう forsooth, but と訳すが,熟達した文法家が言うように,and とするほうが分かりやすいこともある。原文どおりの語順では誤解を生じると考えられる場合は,語順を変えて英訳してある。たとえば Dominum formidabunt adversarij ejus を語順どおりに英訳すれば,the Lord his adversaries should dread(主がその敵たちを恐れる)となって誤解を招いてしまうので,the adversaries of the Lord should dread him(主の敵たちが主を恐れる)と訳すといった具合である。

ハドソンは,FM 版について次のような評価を下している。

写真術のなかった時代(1850 年当時)に,きわめて困難な資料の比較照合ということを行い,完全本に編纂した功績はいかに賞賛してもことばが足りないほどである。しかし,避けがたいこ

とではあったが、資料不足のゆえに、EVとLVの仕分け作業をおおまかに行い過ぎたために、相互の資料の混入があり、後代の研究者にとって、どの部分がEVで、どの部分がLVであるのか、その分類作業を一層複雑かつ困難なものにしてしまった。FM版が用いたEV資料であるMS Bodley 959自体がすでにオリジナルなものに改訂が施され、ラテン語からの直訳調が改善され、かなり滑らかな英文になっている(30)。

FM版の序論に翻訳者についての言及がある。EVの四福音書はウィクリフ自身によるものであろうとしている。また、EVの旧約聖書については、ロラードの指導者であったニコラス・デ・ヘリフォード(Nicholas de Hereford)がその大部分を訳したと考えてよいだろうとしている。ボドレー図書館(the Bodleian Library)が所蔵するEVの二つの旧約写本は、どちらも旧約聖書外典のバルク書3章20節の文の途中で突然終わっているが、その箇所に、Explicit Nicholay de herford'「ニコラス・デ・ヘリフォードの訳ここで終わる」と記されているので、そこまではヘリフォードが訳したものと考えて間違いはないであろうとしているのである(31)。この中断について、FM版序論の著者は、ヘリフォードがローマカトリック教会から審問のために呼び出されたためであろうとしている。

その収監と釈放は何度か繰り返えされたようで、ヘリフォードはその後、自説を撤回してつまりロラード主義を捨てて、王室の保護を受け、ローマカトリック教会の高官となり、その生涯を修道院で閉じている。結局のところ、彼は翻訳の作業には、二度と戻らなかったと考えられる。もしそうであるなら、ロラードとしての一生を全うしえなかったということである(32)。バルク書3.20以降および旧約聖書の残りの部分の翻訳はだれが行ったかという問題について、FM版序論では、翻訳に使われた英語の語彙を詳細に比較検討した結果、ウィクリフ自身であった可能性があるとしている。

ハドソンは、このバルク書3.20に関わる訳者問題について詳し

く触れている [33]。上述のヘリフォードについての書き込みに加えて、第三の写本 (CUL Ee. 1.10) にある書き込み 'Here endith the tanslacioun of N and now bigynneth the translacioun of j and of otheremen'「N の訳はここで終わり、j と他の者たちの訳が始まる」を紹介しながら、一般に、N はニコラス・デ・ヘリフォードを指し、j はジョン・パーヴィー (John Purvey) を指すと考えられているが、これらの書き込みは写字生のものであり、訳業はあくまでも共同作業として行われたという立場を取っている。

ジョン・パーヴィーの役割については、ハドソンとは違った見解を持つ研究者が比較的多いように思われる [34]。トレヴェリアンは、パーヴィーがどの程度翻訳に関わったかという点については触れないものの、聖書英訳の道を開いたのはパーヴィーであったと述べ、翻訳への深い関わりを暗示する記述を行っている。このことも含めて、トレヴェリアンがこの聖書翻訳をどのように評価しているかを引用によって示しておきたい。

　ウィクリフは英語を使って礼拝を行なうことを要求し、主としてオックスフォードの弟子で彼の書記であるパーヴィー (1353?-1428) の手助けによって、かの賞賛すべき学問的業績である史上初めての聖書全編の英訳を行なったのであるが、これは宗教についてのみでなく、英語史の上にも大きな意味をもつことであった。聖書はウィクリフにとっては、後のプロテスタントのある人たちのようにその教理の唯一の基礎であったのではなく、また自分が規範とすべき唯一の規準であったわけではなかった。しかし、彼の教理は、彼をして聖書の言葉を日常語の英語によって普及させることを実践上必要であるという考えを抱かしめたのであって、かくて英訳聖書を読むことが、彼の教派の特徴的な実践となったのである。教会は富裕な人々と修道女とに特別許可をもって、この自国語訳の聖書を読むことを許してはいたが、15 世紀中には、まだ一般の俗人がこのような聖書を所有することを許さなかった

し，英訳聖書を所有していることがロラード派告発の理由の一つとなっていたのである[35]。

トレヴェリアンの記述内容には，いまだに論争中のいくつかの問題点が含まれている。一つは「主としてオックスフォードの書記(助任司祭 curate)で彼の弟子であるパーヴィーの手助けによって」(chiefly through the agency of his Oxford follower and secretary, Pervy)という箇所である。パーヴィーの貢献については，これをトレヴェリアンのように高く評価する研究者と，控えめに評価する研究者とに分かれている[36]。二つ目は「聖書はウィクリフにとっては…その教理の唯一の基礎であったのではなく，また自分が規範とすべき唯一の規準であったわけではなかった」(The Bible was not to Wycliffe...the sole basis of his doctrine and his sole canon of appeal.)[37]という箇所である。トレヴェリアンとは，違う見解を持つ研究者がかなり多いように思われる。ロングは 'sola scriptura' の立場を取り，またボーガン (Robert Vaughan) は「聖書の優越性と至高性 (the Supremacy and Sufficiency of Scripture)」という表現でウィクリフの聖書に対する姿勢を説明している[38]。これに対して，ハドソンは 'sola scriptura' について何回も触れながら，ウィクリフは必ずしも 'sola scriptura' という信条ではなかった，としている[39]。

文献学的・言語的研究を長年続けている寺澤は，ウィクリフ派聖書の成立については依然として複雑な問題を孕んでいるが，その主たる問題点は次の四点に絞ることができるであろうとしている[40]。(一) 写本の問題：それぞれ原写本が存在するか：その成立年代：原写本がなければいかにして現存写本から本文校訂を行うか。(二) 訳者と方言の特定。(三) 現存写本の分類・系統化。(四) 前期訳 (EV) の写本中，Bodley MS 959（写本 E）および E からの第一次コピーとも言われる Douce 369（写本 C）にみられる旧約外典「バルク書 3.20」における '中断' (break) は何を意味するか。

寺澤は，ウィクリフ派聖書の文献学的・言語的研究は FM 版から

始まったとし、爾来今日に至るまで、このFM版を超えるものは出版されていないと述べ、さらに、たとえ、コンピュータを駆使してもウィクリフ派聖書校訂版の出版は不可能に近いとしている。

　この小文の筆者は、FM版の法助動詞および接尾辞の調査研究を行っている。その立場から、訳者問題について、若干見解を述べてみることにする[41]。

　ウィクリフの時代の英語は中英語期に属し、法助動詞の意味・用法は現代英語とは違いがある。おおまかに言うならば、法助動詞mayが現代英語のcanの意味、すなわち、「～できる」という意味を担っていた。また、現代英語では、canの代用形の役割を果たしているbe able toの意味・用法は未発達の段階である。

　そのような言語事情の中で、極めて特異と思われる語法が存在することが筆者の調査でわかった。それは、be mighty toというコロケーションであり、EVおよびLVの新約部分に主として使われている。この用法は*OED*には記載されていない。その総数は13例ある。ウルガタ聖書のpotest (=able) をbe mighty toと訳しているのである。つまり、現代英語では、canないし、be able toとなるべき箇所である。しかも興味深いことには、このコロケーションの主語は、God（10例）、Jesus Christ（2例）、bishop（1例）であり、極めて限定された使い方がされている。ちなみに、出現箇所を記すと、マタイ（1例）、ルカ（1例）、使徒（1例）、ローマ書（3例）、第二コリント（1例）、エペソ（1例）、第二テモテ（1例）、テトス（1例）、ヘブル（2例）、ユダ（1例）となる。さらに面白いことには、これらの箇所は、後代のティンダル（William Tyndale c.1494-1536）の英訳聖書と欽定訳聖書ではほぼすべてのものが、be able toに変えられている。主語はウィクリフ派聖書と同じである。一例だけ挙げておく。a. がウィクリフであり、b. がティンダルである[42]。

> a. ...for Y seie to you, that God *is myghti to* reise vp of these stoones the sones of Abraham.

b. ...For I say unto you, God *is able* of these stones to raise up
      children unto Abraham.   (Matt. 3.9)

　このコロケーションは，ウィクリフの著作によるとされる説教集にもトラクト集にも見当らない[43]。同時代のチョーサーの作品には第1章で紹介したように2例あるが，主語については特に制限らしきものはない。このことから二つの仮説が成り立つように考えられる。一つには，上記に該当する聖書の箇所は，少なくともウィクリフ以外の人物が下訳を担当し，その後の校訂の時にも容認されて残ったものであろうという仮説である。もう一つは，四福音書の翻訳は，ウィクリフ自身が行ったという説に対する反証になるのではないかということである。少なくともマタイとルカはウィクリフの翻訳ではないということになる。問題にしているコロケーションの使い手がだれであったのかは特定できないが，従来，訳者判定の手がかりとして語彙の調査を中心にして行われてきたようでもあり，このように統語面からの調査も有効ではないかと考えられる[44]。

　次に，形態論の観点から見たFM版の特徴について若干の考察を行い，その結論を訳者問題に適用してみることにする。筆者は法助動詞の歴史的研究を行う中で，準法助動詞に位置付けられている 'be able to' の統語論的，意味論的振る舞いに特に，興味を引かれるようになった。その研究の関連から，接尾辞 '-able' の調査も行ってみた。接尾辞 '-able' は現代英語の中では造語力の強さを発揮して多くの新語を作り続けているが，その発祥は14世紀の初頭に遡る。つまり，ウィクリフが生まれた頃に，この接尾辞 '-able' も生まれたことになる。ウィクリフはその著作において，この接尾辞 '-able' から恩恵を受けたにちがいない。当然ながら，14世紀の終わりから，15世紀の始めにかけて作られたウィクリフ派聖書にも，その反映が見られるはずである。このような予測のもとで，ウィクリフ派聖書のLVにおける接尾辞 '-able' の使用状況を調べてみることになった[45]。その結果，表11.1のように '-able' 派生語が数多く使われて

いることが判明しただけではなく，初出，つまりウィクリフの造語と判断される語が相当数あることを知った。

表11.1 ウィクリフ派聖書LVにおける '-able' 派生語

	ウィクリフ派聖書LV
総数	101語
初出と判断される語の数	65語
初出のうち現存する語の数	47語
ウィクリフ派聖書LV初出で現代語となっている語 — 形容詞（38語）	acceptable, believable, chantable, contemptible, corruptible, customable, defensible, desirable execrable, incomprehensible, insoluble, irrevocable, peaceable, persuasible, praisable, provable, reprehensible, touchable, unable, unchastisable, uncomprehensible, uncorruptible, unculpable, uncurable, understandable, unhabitable, unhealable, unmeasurable, unmovable, unnoble, unpartible, unpliable, unportable, unsatiable, unsearchable, untellable, untolerable, unvisible
副詞（5語）	measurably, peaceably, profitably, unmeasurably, unnobly
名詞（4語）	changeability, customableness, peaceableness, unmovableness

表11.1の結果を簡単にまとめてみると，ウィクリフ派聖書LV（以下は，LVと略記）では，'-able' 派生語の総数のうち64.4%が初出で，そのうち72.3%が現代英語の中に生き延びているということになる。

この '-able' 派生語について，LVとウィクリフ派説教集（以下は，

WS と略記)⁽⁴⁶⁾との比較表を作ってみると表11.2のようになる。

表11.2 LV と WS における '-able' 派生語の比較対照表

		LV	WS
どちらか一書に出現する語	初出とされる語	65語 詳細は第4章を参照願いたい。	——
	初出でない語	27語 詳細は第4章を参照願いたい。	8語 owpable (culpable) incorigible (incorrigible) notable resonable (reasonable) sensible (c1380 Chaucer) seruisable unresonable (unreasonable)
両書に出現する語	初出とされる語	3語 acceptable, unable, unnobly	
	初出でない語	6語 couenable, couenably, profitable repreuable, stable, sufferable	

（注）（　）の語は現代語のつづりを示す。

表11.1および表11.2から読み取れることは以下の通りである。

ⅰ．'-able' 派生語の出現数は，LV が101であるのに対し，WS は17である。この数字は双方の頁数を考慮に入れないと多寡を論じることはできない。LV の総頁が約3200頁であるのに対してWS は約480頁である。版の大きさを考慮に入れないとしたら，3200: 480 = 7: 1 となり，LV を WS 相当に圧縮すると，101 ÷ 7 =

14.4, つまり 14 語強となる。仮に分母を合わせるならば, '-able' 派生語の出現数は, WS のほうが, LV よりも若干多いという数字になる。
ⅱ. WS には独自の初出語はない。
ⅲ. 両書に出現する初出とされる 3 語 (acceptable, unable, unnobly) は辞書類では LV において初出となっている。しかし, WS のほうが先に書かれた可能性が大きいので, 初出の栄誉はむしろ WS が受けるべきものであると考えられる。この WS は, 膨大な資料を綿密に比較考量した結果生まれたものであるが, 編者のハドソンは 200 頁を越える序論の中で著者問題についてはほとんど触れておらず, これらの文書の保存を可能にしたロラードの功績を讃えている [47]。したがって, 両書において初出とされる 3 語を手がかりとして得られる結論は, せいぜい LV の訳者の中に説教集の著者が含まれていると述べる程度のものにならざるを得ない。

11.3 聖書の継承者たち

ロラード派の運動の本質は, その起源以来一貫して「聖書の絶対的な権威を, 人間が作り出したあらゆる制度, 慣習, 儀式の上に置く」というウィクリフの信条に基づく神学上の運動であったが [48], ウィクリフの時代のローマカトリック教会の腐敗堕落に対する攻撃は, はからずも政治的, 社会的色彩を帯びたものとなった。ウィクリフとその信奉者ロラードたちの動きを注視していたローマ教皇は, 1377 年の春にカンタベリー大司教およびロンドン司教宛てに信書を送り, その趣旨をイングランド政府に伝えるようにとの命令を下した。その趣旨とは, ウィクリフとその信奉者ロラードたちの唾棄すべき教説の中には, 神学上の誤りがあるだけでなく, 国家の存続をも脅かしかねない内容を含んでいることを為政者は十分に理解しなければならないというものであった [49]。

ローマ教皇のこの信書が出て, ほんの数年後の 1381 年に, ワット・

タイラー (Wat Tyler) の乱が起こった。ウィクリフ晩年の出来事である。一農民にすぎなかったワット・タイラー (?-1381) が率いる農民たちの蜂起は，最初はイングランド南東部で始まり，急速に全土に及んだ。この蜂起を，ロンドン市民が支援し，農民たちは国王との面会を実現させ，農奴制廃止，地代軽減などを要求した。一部の要求は通ったが，タイラー自身および，蜂起を中心的に導いた貧しき説教者ジョン・ボール (?-1381) が殺害されることによって，この一揆は終息した。この後，農奴制は実質的に廃止されることになった[50]。

ここで，ウィクリフとジョン・ボールの関係について，若干触れておかなければならない。ジョン・ボールはウィクリフを愛した忠実な信奉者，つまり，ロラードのひとりであった。ロラードとは対立的な立場にあった同時代の歴史家ヘンリー・ナイトンによれば，ボールはその毒気と過激さにおいては彼の師ほどではないが，その働きはバプテスマのヨハネのごとくウィクリフのために道を整えた者であり，その教理は多くの人を混乱へと導いたとしている[51]。ジョン・ボールの存在を一段と際立たせているのは，彼が果たした役割だけではなく，扇動的な説教や演説の中で数え切れないほど用いた次のスローガンによる[52]。

  When Adam delved and Eve span
  Who was then a gentleman?
  （アダムが耕し，イヴが糸を紡いだとき，
   だれがその時代の領主様であったか。）

トレヴェリアンは，この農民一揆の顛末について，70頁余りを割いて記述している。その結論として，この蜂起はイングランドにおける国民的エネルギーの発露を示すものであり，また，中世農民の独立の精神と矜持の現われを示すものであるとし，それは，圧政に対する抵抗精神として受け継がれ，農奴制と封建制の崩壊を早め

る起因となったとしている⁽⁵³⁾。

ワット・タイラーの乱が終息して間もなくのこと、イングランド議会はこれを受けて法律を制定し、不穏な説教者の逮捕や投獄の権限を州知事および地方の役人に与えた。ただし、その執行には司教の承認を必要とした⁽⁵⁴⁾。不穏な説教者とはどのような者を指すかは明記されていなかったが、ロラードを指していることは明白であった。

詮議の度合いが強まるにつれて、ロラードの運動は国の高位にある者の中に支持者を求めるようになった。その中のひとりがジョン・オールドカースル公 (1378?-1417) である。百年以上も後に、シェークスピアは、このオールドカースルをモデルに、陽気で大言壮語のフォルスタッフ像を造り上げ、「ヘンリー四世」に登場させることになる。実際のオールドカースルは、フォルスタッフとは違って、敬虔で純粋な信仰の持ち主であった。彼自身が熱心なロラードであっただけでなく、屋敷を開放してロラードたちの宣教活動の拠点として提供した。彼は大胆に偶像礼拝を非難し、化体説と告解を否定した。当然の帰結として、異端の罪で喚問され、40日の執行猶予を与えられたが、彼の信念は変わらず、結局のところ1417年に殉教の死を遂げることになる⁽⁵⁵⁾。

11.4　ティンダルそして宗教改革の時代

ウィクリフの死後、百年を経た頃に、もうひとりの聖書翻訳者であるウィリアム・ティンダル (1494?-1536) が学生としてオックスフォードで過ごすことになる。当時のオックスフォードでどういう教育が行われていたかについては確かな記録がない。ティンダルが学生になる 7、80 年も前の 1430 年頃、ハンフリー公爵の忠告でカリキュラム改定が行われたことが知られている。それは、学芸学士になるには、7学芸を修めなければならないというものであった。ティンダルが学生になった頃には、そのカリキュラムがまだ存在してい

たと考えられる。それは，三教科（文法，修辞，論理）と四教科（数学，音楽，地理，天文）に分かれており，言語は主としてラテン語が用いられていたようである。ティンダルはオックスフォード在学中に，ラテン語の力を伸ばしつつ，ギリシア語も大学の中で学んだようである[56]。

ティンダルがオックスフォードの学生であった時代，イングランドのあらゆる教区でウィクリフ派に対する告発の説教が百年にもわたって行われていたのだが，それはこの大学でも同じであった[57]。

ティンダルは，エラスムス(Desiderius Erasmus 1466?-1536)が1516年に出版したラテン語訳付きの校訂ギリシア語新約聖書を英文に翻訳して出版した[58]。その出版は恐らくドイツにおいて，ティンダルの立合いのもとでなされたものと考えられる[59]。言うまでもなく，このように海外出版となった事情は，ウィクリフ派聖書に対する弾圧が当然ティンダルにも及ぶはずであったからである。ティンダル訳聖書の印刷は二度にわたって行われたようである。一度目は1525年にケルンの印刷屋で行われたが妨害が入り不完全な版となったようである。二度目は1526年にヴォルムスで完本として印刷することができた[60]。D. ダニエルは，このティンダル訳聖書について次のように最大限の賛辞を述べている[61]。

　ティンダルが訳した英語は，その時代としては，独特な質を持っていた。それは話し言葉から直接に取られた単純な言葉であった。しかも同時に尊厳と調和を備えていた。つまり新約聖書の翻訳が備えるべき要件として完全なものである。ティンダルは我々に聖書の言葉を与えつつあったのだ。ルターはしばしば，生まれつつあったドイツという国に『九月の契約書』によって言語を与えたのだ，と誉められる。ティンダルはその聖書の翻訳において，日常の言葉を意識的に用い，倒置などは用いず，中立的な語順で，かつリズムにあふれた形を聞き分けるすぐれた耳のせいで，英語という言語に聖書の言葉を与えただけでなく，一つの新しい散文

を造り出したのである。イングランドは一つの国として、その主たる書物、つまり英語の聖書がこの後急速にそういうものとなっていったのであるけれども、その主たる書物が、以後そこから最も偉大な散文の明澄さ、しなやかさ、表現力の幅が常にあふれ出て来る泉となった。そういう祝福された国となったのである。

急いで付け加えておきたいのは、このような賛辞がしばしば欽定訳聖書に与えられるが、それは本来、ティンダル訳に与えられるべきものであるということである。すでに述べたように、欽定訳の80パーセントがティンダル訳（新約聖書のすべてと旧約聖書の一部）からの借用と見做されるからである[62]。ちなみに、マタイ福音書5章1～5節は以下のようになっている。イタリックの部分がティンダル訳で、カッコの中が欽定訳である。あとはまったく同一の文章である。

> *When he saw the people* (And seeing the multitudes), he went up into a mountain,and when he was set, his disciples came to (unto) him, and (:And) he opened his mouth, and taught them *saying*: (,saying,) Blessed are the poor in spirit: for theirs is the kingdom of heaven.
> Blessed are they that mourn: for they shall be comforted.
> Blessed are the meek: for they shall inherit the earth.

ロラードとティンダルとを結びつけるものは何であろうか。その答えを、織物業者との関連で探ってみることにする。

ダニエルは、ティンダルの生い立ちを述べる中で、誠に興味深い話題を提供してくれている。それを要約すれば以下のようになる。

「ティンダルの一族は、グロスターシアの農村地帯の有力な人々を抱える大きな一族であり、広い地域にわたって尊敬を集めていたし、ロンドンでも知られていた。ウィリアム・ティンダルの少年時代はつまびらかではないが、豊かな自然環境の中で恵まれた生活を

送っていたものと想像できる。オックスフォードに入る前のティンダルは、町から4マイルほど離れた所にあった、すぐれたグラマースクールで教育を受けたものと思われる。

　農業は繁栄し、商業も、特に羊毛を服地にして売り、繁盛を極めていた。通商路も、ブリストルからロンドンへ、そして方向を転じるとその路は港に達し、南アイルランドやヨーロッパ、アフリカとの通商を容易にしていた。

　グロスターシアには当時5万人の人が住み、大部分は農村部に集中していた。地形の有利さもあって織物産業が栄えた。この織物産業地帯は同時にロラード派が栄えた地域でもあった。ティンダルの時代になっても、この地域にロラードは存在し、激しい弾圧の中を信仰を守って生き抜いていた。織物の人たちが織物製品だけでなく、御言葉を村から村へと運んでいたのである。いくつかの織物会館があり、そこは織物や布地だけでなく、思想の交換場所でもあった[63]。」

　ロラード派はこのようにしてウィクリフの死後百数十年を経たティンダルの時代にも存続していた。しかし、注意すべきことは、ロラード派を構成する者たちの社会階層に変化が生じているということである。それは、簡単に言うならば、オックスフォードを中心としたインテリ層や、殉教を遂げたオールドカースルを代表とする貴族層はその数を減らし、より下層の織物業者や技術を持った職人たちへと社会階層が変化していったということである[64]。

　では、後の時代のロラードたちは無学な者の集まりだったのだろうか。決してそうではなかった。ロラードたちは、ウィクリフ派英訳聖書だけでなく、彼らが独自に作ったテキストを持っていた。そのテキストのあるものは文学の香り豊かなものであったり、哲学的な議論を闘わすものであった。織物業者のロラードであれば、織物会館に集まって聖書とロラードのテキストを中心に学び、論じ合ったのである[65]。

　J.F.デイヴィスは興味深い研究を行っている。それによると、1414年から1534年までの間にイングランド南東部で行われたロラ

ード派に対する異端審問で，半数の者は熟練した職工や製品を商う商人であり，しかもそのうちの41パーセントは織物業に関係した者たちであった。そのうちの多くの者は羊毛製品や皮革製品を商っていた[66]。デイヴィスは，また，これら商人たちの多くはイングランドの所々方々を旅をして回っていたと付け加えている。

「ロラード派最後の殉教者」と言われているジョン・タクスベリー (John Teuxbery) は，商業を営むかたわら聖書の販売を行っていた。彼は二回審問を受けた。一回目は，聖書を過去17年間学んでいたことを認め，ウィクリフ派から離れることを誓って釈放された。二回目は，ウィクリフ，ルター，ティンダルの著作を愛読し，かつ販売したという咎で，1531年に審問の後，焚刑に処せられた[67]。

タクスベリーの殉教死は何を物語っているであろうか。彼が愛読し，販売した書物は，彼の時代から百数十年遡るウィクリフ，同時代人のティンダル，そして海を渡ってきたばかりのルターが書いたものであった。三つの異端がここにおいて合流し，ウィクリフ信奉者のロラードがその普及に努めたという図になるではないか。この小文の冒頭で紹介したトレヴェリンの書物のタイトルにある1520年というのは，何を意味するのであろうか。奇妙なことに，1520年という年号はこの書物のどこにも出て来ない。一番近い年号は1521年である。この年，ルターの書物がオックスフォードに初めて持ち込まれた。したがって，この年をもってロラード独自の歴史は幕を閉じたとトレヴェリアンは記している[68]。わずか一年の差のことではあるが，書物のタイトルはこのことを意味していると解釈してよさそうである。トレヴェリアンは同一の頁の中で，幕を閉じたと言っても，消滅したわけではなく，他の派（ルター派）と合流した (merged) のであると述べている。

1520年という年号にこだわってみるならば，これは，宗教改革の歴史を考える上で重要な年であることがわかる。この年，ルターの宗教改革三部作と呼ばれる書物が相次いで出版されたからである[69]。一方，同じ年の六月に教皇は「エクスルゲ・ドミネ」を発布してル

ターの異端を糾弾した⁽⁷⁰⁾。しかし，終局的には，ルターは天寿を全うし，同時代人ティンダルは1536年に焚刑に処せられた。百数十年前のウィクリフは焚刑を免れている。この違いは何であるか。体制側との関わりの相違なのか。あるいは，偶然の為せる業なのか。歴史に対する読みはカレードスコープを見るがごとくである。

11.5 おわりに

ウィクリフに端を発するロラード派の流れを，神学や思想の議論にあまり深入りしないで，英訳聖書を媒体として歴史に印された事実を掘り出すことを主眼にして論じてみた。筆者の年来の関心は英語という一言語を歴史的に捉えることである。その意味では，ウィクリフとティンダルは，チョーサーやシェークスピアと並べてみても決して見劣りしない貢献を英語という言語の形成に果たしてきたし，その恩恵は現代の英語話者にまで及んでいるのである。しかし，この四人を比べてみると，恐らく多くの人が思うことは，チョーサーやシェークスピアの偉大さは分かるが，ウィクリフ，ティンダルとなると一回りも二回りも小さくなるのではないかということである。読書の対象として考えるならば，それは明らかなことであろう。楽しみを求めて，ウィクリフやティンダルを読もうとする人はいないであろう。学問の対象としてもそうであろう。チョーサーやシェークスピアは時代を越えて，主として文学と言語学の研究対象となり，世界中で生産される論文の数は今日でもなお無数と言ってもよいくらいである。一方，ウィクリフとティンダルの研究者となると誠に荒涼たるものである。この二人はまさしくマイナーな存在なのである。そのような状況であるから，ロラードなどという，さらに一段下がるグループの研究など，何程の価値があるのかということになるであろう。このような見方は，少なくとも日本においては外れていないであろう。ところが，目を外に転じて見ると，イギリスでもアメリカでもロラードの研究は驚くほど盛んなのである。その

研究領域は言語学に留まらず,神学,歴史学,社会学,政治学,経済学,さらにジェンダー論にまで及んでいる。

ロラードの歴史的な役割は,ピューリタンの影に隠れて誠に見えにくい。しかし,言語史はさて置いて,ロラードの役割を,歴史,神学,哲学,思想という位相から眺めてみるならば,アリストテレス,アウグスティヌス,ルター,カルヴァンなどという,いわば歴史を切り開いた個人名,さらには,系という共通の要素を持つであろうピューリタン,宗派といったグループを包含する一つの大きな集合体をイメージするならば,ロラードは十分にその構成員となる資格を備えていると言いたいのである。このような観点から,大海に一滴を投ずる研究ができれば,というのが筆者のささやかな願いである。

注

(1) G.M. Trevelyan, *England in the Age of Wycliffe 1368-1520* (New York: Harper & Row, Publishers, 1899 (Reprinted in 1963)), p.1.(以下は EAW と略記)

(2) M. Aston, *Lollards and Reformers* (London: The Hambledon Press, 1984)(以下は LR と略記)Lollards という呼称は,1387年8月10日付のウスターの司教ウェイクフィールド (Bishop Wakefield of Worcester) の手紙の中で使われたのが,公式文書としては最初の例であるとしている。また,*OED* によれば,Puritan の初出は1565年であり,ラテン語 puritas が語源である。この語が使われ始めた頃は,軽蔑的な意味を込めた呼び名であったが,やがて,その意味あいが薄れていった。

(3) D.D. Smeeton, *Lollard Themes in the Reformation Theology of William Tyndale* (Michigan: Edwards Brothers, 1984), p.96.(以下は LTT と略記)

(4) J.D. Long, *The Bible in English – John Wycliffe and William Tyndale–* (New York: University Press of America, 1998), p.53.(以下は BEWT と略記)

(5) J. Lewis, *The History of the Life and Learned John Wiclif, D.D.* (Oxford: The Clarendon Press, 1820 (Reprinted in 1973)), p.83.(以下は HJW と略記)ウィクリフと彼の信奉者による聖書英訳の事業は,その公刊後,ウィクリフたちの生命を脅かすほどの非難をカトリック教会から浴び

せられることになるのであるが，Lewis は，その糾弾の様子を Henry de Knyghton という人物の文章を引用して述べている。その糾弾の文章を要約すれば次のようになる。

> キリストは福音のことばを聖職者に託したのである。そして，聖職者は，民衆の飢え渇きの度合いを見て，聖書のことばを民衆に与えるべきである。ところが，くだんのウィクリフなる人物は，聖書をラテン語から英語に翻訳して，それを俗人や女の手に渡してしまった。それは，福音の真珠を豚の足元に投げ与えたに等しい。

(6) ルターの sola scriptura「聖書のみ」については，David Daniell, *William Tyndale: A Biography* (New Haven and London: Yale University Press, 1994), p.255.（以下は WTB と略記）．田川建三訳『ウィリアム・ティンダル ある聖書翻訳者の生涯』（勁草房，2001 年）426-27 頁を参照されたい。
(7) Matthew, F.D. (ed.), *The English Works of Wyclif* (Woodbridge: Early English Text Society, 1902 (Unaltered reprint in 1998)), p.276.（以下は EWW と略記）
(8) EWW, xviii
(9) 本書，第 6 章を参照願いたい。
(10) BEWT, p.78.
(11) EWW, 8. ウィクリフは，聖職者の堕落について次のように書いている。

> 彼ら聖職者は日曜日になると嘘偽りの作り話を民衆に語るのに忙しく，福音を語ることをせず，所々方々を歩き回って，貧しい人々からその嘘話の代金をせびるのです。

(12) BEWT, pp.31-41.
(13) Hudson, Anne (ed.), *The Premature Reformation* (Oxford: Oxford University Press, 1988), pp.110-111.（以下は PR と略記）
(14) EWW, p.315. ウィクリフは，聖餐式について次のように書いている。

もしあなたがキリストに属する祭司であり、キリストの福音を人々に伝えたいという思いに満たされているならば、たとえ、あなたに力がなくても、キリストはあなたに十分な力を与え、教会で教えることができ、さらには、罪に陥る誘惑から守ってくださいます。また、パンとぶどう酒がキリストの体と血に変わるというのではなく、聖餐の場にキリストも共におられることになるのです。

(15) BEWT, p.50. ウィクリフはラタワースでの死に至るまでの数年は、主任司祭としての務めを忠実に果たし、日曜日と祭日には説教を行い、平日には病者を見舞ったとされている。

(16) EAW, p.316.

(17) PR, pp.158-62. ジョン・オールドカースル (1378?-1417) をはじめとして多くのロラードが殉教の死を遂げた。ハドソンの記述によれば、当局の追及を避けるための、いわばマニュアルが作られていたようである。また追及を免れるために、イエスが時に他の場所に逃れたように、迫害のある町を脱出せよ、という勧めが説教の中でされた。

(18) LR, p.249. 'Morning star of the Reformation' というフレーズを最初に使ったの は、Daniel Neal (*The History of the Puritans or Protestant Non-Conformists* (London, 1732-38), i,p.3) であろうとしている。

(19) BEWT, p.68.

(20) EAW, p.199.

(21) BEWT, p.66.

(22) Matthew, F.D. *The English Works of Wyclif* (EETS) (Rochester: Boydell & Brewer Ltd, 1902 2), pp.357-8.（以下は EWW と略記）

(23) EWW, pp.429-30.

(24) BEWT, p.68.

(25) EAW, pp.130-1.

(26) Somerset, F. *et al.* (eds.) *Lollards and their Influence in Late Medieval England* (Woodbridge: The Boydell Press, 2003), p.249.（以下は LILME と略記）

(27) PR, pp.231-2.

(28) Forshall, J. and Madden, F. (Eds.). *The Holy Bible Containing the Old and New Testaments, with the Apocryphal Books, in the Earliest English Versions*

Made by the Latin Vulgate by John Wycliffe and His Followers (Oxford: Oxford University Press, 1850 (Reprinted in 1982)).

(29) 永嶋大典『英訳聖書の歴史』(東京：研究社，1985年) 47-8頁を参考にしたが，原文 (FM, vol.1,57) と照合してかなりの補正を施してある。
(30) PR, p.239.
(31) FM, vol.1, xvi-xviii.
(32) ヘリフォードについては多くの書物で語られているが，ここでは主として BEWT, pp.70-1 および EAW, pp.310,320 の記述を参考にした。
(33) PR, pp.241-3.
(34) LILME, p.312.
(35) Trevelyan, G.M. *History of England* (Harlow: Longman, 1926), p.293.（以下は HE と略記) G.M. トレヴェリアン・大野真弓監訳『イギリス史』(みすず書房，1973年) 2-40頁。若干，補正して引用した。
(36) ハドソンは前述 (33) のように控え目な評価をしている。
(37) BEWT, p.50.
(38) Vaughan, R. *John De Wycliffe: A Monograph* (London: Seeleys,1853), p.93.
(39) PR, p.48, pp.94-5, pp.196-7, pp.280-1.
(40) 寺澤芳雄「Wyclif と Lollard Bible—研究の現状と課題—」『英語青年』Vol. CXXX. No.8 (研究社，1984年), 101-2頁
(41) 本書，第2,4,6章を参照願いたい。
(42) *Tyndale's New Testament* (A modern-spelling edition by David Daniell. New Haven and London:Yale University Press, 1989) を分析資料に用いた。
(43) 調査をしたのは，説教集の Hudson, Anne (ed.) *English Wycliffite Sermons Vol.1* (Oxford: Oxford University Press, 1983) (以後は EWS と略記) およびトラクト集（前出 (22)）の Matthew, F.D. *The English Works of Wyclif* (EETS) (Rochester: Boydell & Brewer Ltd, 1902^2) である。
(44) 例えば FM 版の序には，いわゆる「総序」の執筆者はパーヴィーであろうと述べているが，これは語彙の調査の結果であるとしている。
(45) 本書，第4章を参照願いたい。
(46) (43)を参照願いたい。
(47) EWS, p.195.
(48) PR, p.228.

(49) LR, pp.1-2.
(50) EAW, p.253. トレヴェリアンは，この反乱の結果，農奴解放に益する人道的な法制化の道が完全に断たれてしまったと述べている。歴史的には，農奴制の崩壊は，この反乱の前に起こった黒死病（1348-49年）による大幅な人口減と1377年の人頭税課税に発するワット・タイラーの乱とが相俟って農奴制の崩壊は加速されたという見解が有力である（國方敬司『中世イングランドにおける領主支配と農民』（東京：刀水書房，1993年），11-18頁）。
(51) PR, pp.66-7.
(52) このスローガンはジョン・ボールの創作ではなく，E.C. ブルーワー (*Brewer's Dictionary of Phrase and Fable*, 1870, 1981 3, Cassell. 加島祥造他訳『ブルーワー英語故事成語大辞典』（大修館，1994年、13-4頁）によれば，リチャード・ロール（1341年頃没）の次のような詩をジョン・ボールが改作したものであろう，としている。

> When Adam dalfe and Eve spanne
> To spire of thou may spede,
> Where was then the pride of man,
> That now marres his meed?

(53) EAW, p.255.
(54) LR, pp.4-5.
(55) PR, pp.116-17.
(56) Daniell, D. *William Tyndale – A Biography* (New Haven and London: Yale University Press, 1994), pp.22-30.（以下はWTBと略記）
(57) WTB, p.31.
(58) WTB, pp.43-44.
(59) Smeeton, D.D. *Lollard Themes in the Reformation Theology of William Tyndale* (Michigan:Edwards Brothers,1984), p.47.（以下はLTRTと略記）
(60) PR. p.487.
(61) WTB, pp.115-16. D. ダニエル・田川建三訳『ウィリアム・ティンダル――ある聖書翻訳者の生涯』195頁。
(62) 本書，第6章を参照願いたい。

(63) WTB, pp.15-6.
(64) LTRT, p.28.
(65) LTRT, pp.28-9.
(66) LTRT, p.28.
(67) LTRT, p.61.
(68) EAW, p.350.
(69) LTRT, p.61. 三部作とは, *De Libertate Christiana*『キリスト者の自由』, *De captivitate babylonica ecclesiae praeludium*『教会のバビロン捕囚』, *Alla nobilta cristianadi nazioalita tedesca, sulla riforma della*『ドイツ貴族に与える書』
(70) Exsurge Domine (http://it wikipedia.org/wiki/Martin_Luther)

引用文出典

1. Dictionaries

The Oxford English Dictionary (*OED*) Oxford: The Clarendon Press.1978[4].

Middle English Dictionary (*MED*) Michigan: The University of Michigan Press.1930- .

A Middle English Dictionary re-arranged, revised, and enlarged by Henry Bradley. Oxford: The Clarendon Press.1949.

2. The Bible

2.1 The Bible publicly issued

The Authorized Version of the Bible (*AV*) (First published in 1611)

The New English Bible (*NEB*) (First published in 1970)

The Holy Bible, New International Version (*NIV*) (First published in 1973)

2.2 Wycliffite Bible

Forshall, J. and Madden, F.(eds.). 1850 (reprinted in 1982). *The Holy Bible, Containing The Old and New Testament, with the Apocryphal Books In the Earliest English Versions made from the Latin Vulgate by John Wycliffe and his Followers*, Oxford: Oxford University Press.

Cooper, W. R. 2002. *The Wycliffite New Testament* (a modern spelling edition). London: The British Library.

2.3 Tyndale's Bible

Daniell, D. 1989. *Tyndale's New Testament* (a modern spelling edition). New Haven and London: Yale University Press.

———. 1992. *Tyndale's Old Testament* (a modern spelling edition). New Haven and London: Yale University Press.

3. Chaucer

The New Ellesmere Chaucer. Monocromatic Facsimile, Yushodo and Huntington Library Press. 1987.

Benson, L.D.(ed.). 1987³. *The Riverside Chaucer*. Boston: Houghton Mifflin Company.

Robinson, F.N.(ed.). 1957². *The Works of Geoffrey Chaucer*. Oxford: Oxford University Press.

4. Langland

Schmidt, W.W.(ed.). 1995. *Piers Plowman-a parallel-text edition of the A,B,C and Z versions*. London: Longman.

―――― (translated by). 1992. *Piers Plowman*. Oxford: Oxford University Press.

Skeat, W.W. (ed. by)1886. *The Vision of William concerning Piers the Plowman (B-text)*. EETS. Oxford: Oxford University Press.

柴田忠作（訳註）．1981.『農夫ピアースの夢』東海大学出版会．

5. Shakespeare

Arden Shakespeare

Wells, S and G. Taylor. 1988. *The Oxford Shakespeare The Complete Works*. Oxford: Clarendon Press.

　引用文および引用幕場の表示は Arden 版による。幕・場・行の表示は簡略化してある。

小田島雄志（訳）1983.『シェイクスピア全集』（全 37 冊）白水社．

6. 第 9 章および第 10 章で用いた資料

A.（第 9 章および第 10 章共通）

(1)	Christie	(1): Christie, Agatha.	1954. *The Seven Dials Mystery*. Fontana. （以下 ,(22) まで同一出版社。）
(2)	Christie	(2): Christie, Agatha.	1956. *Why Didn't They Ask Evans?*
(3)	Christie	(3): Christie, Agatha.	1965. *The Thirteen Problems.*
(4)	Christie	(4): Christie, Agatha.	1957. *Three-act Tragedy.*
(5)	Christie	(5): Christie, Agatha.	1955. *They Do It with Mirrors.*
(6)	Christie	(6): Christie, Agatha.	1964. *A Carribean Mystery.*
(7)	Murdoch	(1): Murdoch, Iris.	1957. *The Sand Castle.*
(8)	Murdoch	(2): Murdoch, Iris.	1956. *The Flight from the Enchanter.*
(9)	Murdoch	(3): Murdoch, Iris.	1965. *The Red and the Green.*

引用文献

(10) Murdoch   (4): Murdoch, Iris.   1961. *The Severed Head.*
(11) Murdoch   (5): Murdoch, Iris.   1971. *An Accidental Man.*
(12) Hailey   (1): Hailey, Arthur.   1990. *The Evening News.*
(13) Hailey   (2): Hailey, Arthur.   1979. *Overload.*
(14) Hailey   (3): Hailey, Arthur.   1985. *Strong Medicine.*
(15) Drabble   (1): Drabble, Margaret. 1963. *A Summer Bird Cage.*
(16) Greene   (1): Greene, Graham.   1981. *Twenty-one Stories.*
(17) Steinbeck (1): Steinbeck, John. 1949. *Of Mice and Men.*
(18) Hemingway (1): Hemingway, Ernest. 1929. *A Farewell to Arms.*
(19) Hemingway (2): Hemingway, Ernest. 1952. *The Old Man and the Sea.*
(20) Fitzgerald (1): Fitzgerald, F. Scott. 1950. *The Great Gatsby.*
(21) Anderson   (1): Anderson, Sherwood. 1947. *Winesburg, Ohio.*
(22) Salinger   (1): Salinger, J. D.   1958. *The Catcher in the Rye.*

B.（第9章のみ）
(23) White   (1): White, E.B. 1980. *Charlotte's Web.* Harper & Row.
(24) Milestone: Terada, M. et al. 1980. *Milestone English Readings* II B. Osaka: Keirinkan.
(25) Survival:de Freitas, J.F. 1978. *Survival English.* London: Macmillan.
(26) Way   (1) Sony.   1985. *The American Way.* [Intermediate], part 1.
(27) Way   (2) Sony.   1985. *The American Way.* [Intermediate], part 2.

C.（第10章のみ）
(28) Sheldon   (1): Sheldon, S.   1973. The Other Side of Midnight.
(29) SCREENPLAY   (1): Melissa, M.   1988. "E.T.".
(30) SCREENPLAY   (2): Gale. B.   1991. "Back to the Future Part 2".
(31) SCREENPLAY   (3): Uhry, A.   1991."Driving Miss Daisy".
(32) CBS NEWS   (1): Ueno, W.   1989. "Super EL Mer" No.1-No.12. Tokyo: SIM.

参考文献

荒木一雄・小野経男・中野弘三, 1977.『助動詞』現代の英文法 9. 研究社.
荒木一雄・安井稔.（編）1992.『現代英文法辞典』三省堂.
Aronoff, M. 1974. "-able" *NELS 5*, pp.183-91.
―――1976. *Word Formation in Generative Grammar*. Linguistic Inquiry Monograph 1. Cambridge, Mass: MIT Press.
Aston, M. 1984. *Lollards and Reformers*. London: The Hambledon Press.
Baldwin, A. 2007. *A Guidebook to Piers Plowman*. New York: Palgrave Macmillan.
Bauer, L. 1983. *English Word-formation*. Cambridge: Cambridge University Press.
Burchfield, R.(ed.) 1994. *The Cambridge History of the English Language*. vol. V. English in Britain and Overseas Origins and Development.
Blake, N. F. 1983. *Shakespeare's Language: An Introduction*. London: Macmillan.
―――(ed.) 1992. *The Cambridge History of the English Language*. vol. II. Cambridge: Cambridge University Press.
Burrow, J. A. and Thorlac Turville-Petre. 1996^2. *A Book of Middle English*. Oxford: Blackwell.
Bynon, T. 1977. *Historical Linguistics*. Cambridge: Cambridge University Press.
Chapin, P. G. 1967. *On the Syntax of Word-Derivation in English*. Information System Language Studies No.16. Bedford, Mass.: MITRE Corporation.
Coates, J. 1983. *The Semantics of the Modal Auxiliaries*. London: Croom Helm.
Coghill, N. 1951. *The Canterbury Tales* (Translated into Modern English). London: Penguin Books.
Comrie, B. 1976. *Aspect*. Cambridge: Cambridge University Press.
Daniell, D. 1994. *William Tyndale A Biography*. New Haven and London: Yale University Press.
Denison, D.1993. *English Historical Syntax*. London: Longman.
Embree, D. 1999. *The Chronicles of Rome*. Woodbridge: The Boydell Press.
Fischer, O. 1992. "Syntax" *The Cambridge History of the English Language*, vol. II. Cambridge: Cambridge University Press.pp.207-408.

Freeborn, D. 1992. *From Old English to Standard English*. London: Macmillan.

Hofmann, T. R. 1976. "Past Tense Replacement and the Modal System". In McCawley(ed.), *Syntax and Semantics* Vol. 7. New York: Academic Press. pp.85-100.

Hogg, R. M.(ed.)1994. *The Cambridge History of the English Language*, vol. I. Cambridge: Cambridge University Press.

Huddleston, R. D. and G. K. Pullum. 2002. *The Cambridge Grammar of the English Language*. Cambridge: Cambridge University Press.

Hudson, A.(ed.).1983. *English Wycliffite Sermons*. Oxford: The Clarendon Press.

———(ed.). 1988. *The Premature Reformation*. Oxford: Oxford University Press.

———(ed.). 2001. *The Works of a Lollard Preacher*. Oxford: Oxford University Press.

Kajita, M.1968. *A Generative-Transformational Study of Semi-Auxiliaries in Present-Day American English*. Tokyo: Sanseido.

Lakoff, R. c. 1972. "English as a Language". Unpublished.

Leech, G. 1971. Meaning and the English Verb. London: Longman.

Leech, G. and Svartvik, J. 1975. *A Communicative Grammar of English*. London: Longman.

Leech, G. 1987². *Meaning and the English Verb*. London: Longman.

Lewis, J. 1820 (Reprinted in1973). *The History of the Life and Learned John Wiclif, D. D.* Oxford: The Clarendon Press.

Long, J. D. 1998. *The Bible in English — John Wycliffe and William Tyndale*. Boston Way: University Press of America.

Marchand, H. 1969. *The Categories and Types of Present-Day English Word-Formation: A Synchronic and Diachronic Approach*. Wiesbaden: Harrassowitz. Munich; Beck'sche.

Matthew, E. D.(ed.). 1902². *The English Works of Wyclif.*(EETS) London: Kegan Paul, Trench, Trubner & Co., Ltd.

McSheffrey, S. 1995. *Gender and Heresy*. Philadelphia: University of Pennsylvania Press.

Mitchell, B. 1985. *Old English Syntax*, vol.1. Oxford: Clarendon Press.

Miyabe, K. 1974. *A Middle English Prose Reader*. Tokyo: Kenkyusha.

村田勇三郎. 1982.『機能英文法』大修館.

中野弘三. 1984.「初期近代英語における法助動詞の用法」『近代英語研究』no.1 pp.21-29.

―――. 1993.『英語法助動詞の意味論』南雲堂.

中尾俊夫. 1972.『英語史Ⅱ（中英語）』英語学大系 9. 大修館.

―――. 1979.『英語発達史』篠崎書林.

中尾俊夫・寺島廸子. 1988.『図説　英語史入門』大修館.

永嶋大典. 1988.『英訳聖書の歴史』大修館.

竝木崇康. 1985.『語形成』大修館.

小野茂. 1969.『英語法助動詞の発達』研究社.

Ono, S. 1975. "The Old English Verbs of Knowing" *Studies in English Literature*, English Number, 33-60

大石強. 1988.『形態論』開拓社.

Ota, A. 1972. "Modals and some semi-auxiliaries in English". *The ELEC Publications*. Vol. 9. pp.42-68.

太田朗. 1980.『否定の意味』大修館.

Palmer, F. R. 1979. *Modality and the English Modals*. London: Longman.

Progovac, L. 1994. *Negative and Positive Polarity*. Cambridge: Cambridge University Press.

Quirk, R. *et.al.* 1972 & 1985. *A Comprehensive Grammar of the English Language*. London: Longman.

Samuels, M. I. 1963. "Some Applications of MIddle English Dialectology" *English Studies* 44, pp.81-94.

Selkirk, E. O. 1982. *The Syntax of Words*. Cambridge, MA: The MIT Press.

Smeeton, D. D. 1986. *Lollard Themes in the Reformation Theology of William Tyndale*. Missouri: Sixteenth Century Journal Publishers.

Smith, J. 1996. *An Historical Study of English*. London and New York: Routledge.

Somerset, F. *et.al.* 2003. *Lollards and their Influence in Late Medieval England*. Woodbridge: The Boydell Press.

Spasof, D. 1978. *The Verb in the Structure of English*. Sofia: Sofia University Press.

寺澤芳雄. 1984.「Wyclif と Lollard Bible ―研究と現状との課題―」『英語青年』vol. 130 no. 8. pp.374-376.

―――. 1997.『英語語源辞典』研究社.

Thomson, A. J. & A. V. Martinet. 1986⁴. *A Practical English Grammar*. Oxford: Oxford University Press.

Trevelyan, G. M. 1899 (Reprinted in 1963). *England in the Age of Wycliffe 1368-1520*. New York: Harper & Row, Publishers.

―――. 1925. *History of England*. Harlow: Longman.

Vaughan, R. John. 1853. *De Wycliffe*. London: Seeleys.

Visser, F. Th. 1963-73. *An Historical Syntax of the English Language*. 4 vols. Leiden: E. J. Brill.

Warner, A. R. 1993. *English Auxiliaries*. Cambridge: Cambridge University Press.

Williams, E. S. 1981. "Argument Structure and Morphology" The Linguistic Review 1, pp.81-104.

Wright, D. 1986. *The Canterbury Tales* (a verse translation). Oxford: Oxford University Press.

安井稔. 1989.『英文法を洗う』研究社.

Yonekura, H.1985. *The Language of the Wycliffite Bible*. Tokyo: Aratake Shuppan.

あとがき

　この本が出来上がるまでに，心に残るいくつかの出来事があったので，ご披露しておきたい。一つ目は，イギリス人学者の誠実さに触れたことである。本文にも紹介しておいたが，2つのことで，オックスフォード大学出版 *OED* 編纂部に問い合わせを出した。ここは，言語学関係の学者が何人も集まっている所だ。can be able to と，be mighty to についてであった。だめもとの気持ちで出したのであるが，あまり日を置かずに回答がきた。どちらも非常に丁寧なものであった。be mighty to に至っては，コピーも入れて 50 枚近くの回答であった。学者に限らず外国の人は，問い合わせには返事を出すという態度は共通のようである。私にとっては，大いに反省すべきことがらでもある。

　次は，イギリスでの経験である。定年も近づいた年の夏，資料を求めてイギリスに行くことができた。家族も同行してくれた。無茶な計画とは思ったが，be able to の実例を 14 世紀の手書きの公文書の中に発見できないか，という願いを持っての旅であった。ご案内のように大図書館の入館証を貰うのはたいへんむずかしい。出発の前に，イギリスでドクターを取った若い同僚からあらかじめアドバイスを受けていたのだが，戸籍謄本を何通か用意して行ったのがよかった。あまり質問もされずに，オックスフォードのボドレー図書館，大英図書館，そして，ナショナル・アーカイヴに入ることができた。入ったはいいものの，私の途方もない質問には図書館員も困った様子であったが，とにかく一生懸命，話を聞いてくれた。どうやら，その当時の公式文書は大部分ラテン語であったようだ。アーカイヴで出してくれた英文の資料はなんと数十キロもの巻き物であった。それを台の上にあげて読んでみたが，結局は be able to にはお目にかかれなかった。

2008年1月,私の最終講義を学科で計画してくれた。「最近の研究こぼれ話」というような題でお話をした。その一日前に,『英語青年』2月号が届いた。まさかと思ったが,私が出しておいた小文が載っていた。これも講義の資料に入れることができた。『英語青年』は次の年の3月号で,雑誌による出版は終わった。実に明治31年(1898年)創刊から1921号を数えるまでになっていたものが,事実上休刊になったのである。これは一つの文化の終焉ともいえる大事件であると私は思っている。時代の風潮がこれをもたらしたのだろう。私などは中途半端な読者であったから偉そうなことは言えないが,この雑誌は英文学,英語学の研究者の登龍門ではなかったか。また,関係学会の掲示板役を鷹揚に引き受け,それぞれの活動を力強く,支援してくれていたではないか。復刊の日を待ち望む。

　最後は,悪乗りだとそしりを受けそうな暴挙の話。欽定訳聖書のcan be able toがたいへん気になっていたので,とうとう女王様に手紙を出してしまった。King Jamesの絶大な支援を受けて成った欽定訳であるから,現代ではobsoleteになっている,このコロケーションをもうお役御免にする裁定をくだされてもよいのではないか,という質問であった。先のオックスフォード出版のようにはいかなかった。きっと,王室の窓口で,手紙は廃棄されてしまったのだろう。もしも,女王様の目に留まっていたら,公務の手を休めてご返事を書いてくださったかもしれないのである。

　初めてロンドンに行かれる方に,2, 3のアドバイス。(1) スリッパは必携品。飛行機でも,ホテルでも役に立つ。ロンドンで買うとなると高いし,まず見つからない。(2) トイレ探しはたいへん。ホテルの室外にあるトイレにそしらぬふりをして入るのが一番。(3) 地下鉄の切符は便利。6つの料金ゾーンに分かれていて,ゾーン内ならば,一日中,一枚の切符で何回でも乗り降りできる。(4) 寿司はだめ。日本人でない東洋人が経営しているところが多い。寿司屋の看板が出ていても,看板に偽りありである。(5) スーパーを使おう。スーパーで食品を買い,ホテルで食べるのが経済的。

索　引

人　名

（カタカナ名は Appendix 関係のもの。ff. は当該項目の説明が5頁以上に及ぶもの。）

Anderson, Sherwood　147, 151
荒木一雄　52, 156, 168
Aronoff, M.　54, 64
Ball, John（ジョン・ボール）194
Barber, C.　81
Bauer, L.　54
Benson, L. D.　15, 24, 37, 42, 45, 54
Blake, N. F.　41, 120
Burger, D.　154
Calvin, John（カルヴァン）178
Chapin, P. G.　54
Chaucer, Geoffrey　3ff., 26ff., 53ff. 43-44, 46, 47, 50, 52, 63, 64
Christie, Agatha　145, 146, 147, 150, 163, 164, 169
Close, R. A.　127-128, 129, 157
Coates, J.　123, 129, 138, 158-159, 161-162, 163, 166, 170, 172, 173, 175
Coghill, N　42
Daniell, David（ダニエル）83, 84, 99, 196-198
Davies, J.　198-199

Erasmus, Desiderius（エラスムス）196
Fletcher, J.　119
Forshall, J.　23, 31, 53, 64, 184-186
Hailey, Arthur　167, 173, 174
Halliday, M. A. K.　158, 173
Hemingway, Ernest　175
Hereford, N.（ヘリフォード）186-187
Hofmann, T. R.　144, 154
Huddleston, R. D.　157, 158
Hudson, Anne（ハドソン）31, 184, 185,
Kajita, Masaru　23
King James　81, 82
Knighton, H.　194
Langland, William　43ff.
Leech, G. N.　122-123, 129, 138, 145, 146, 153, 160, 161, 165, 168, 169
Long, J.D.（ロング）188
Luther, Martin（ルター）176, 178
Lyons, John　157
Madden, F.　23, 31, 53, 64, 184-186
Marchand, H.　54
Martinet, A.V.　114, 127-129, 130, 148, 154
Matthew, F. D.　181
Miyabe, K.　41

村田勇三郎　173
Murdoch, Iris　145, 147, 150, 151, 163, 164, 167, 169, 174
中野弘三　126-127, 136
中尾俊夫　2, 20, 23, 41, 46, 113
並木崇康　54
大石強　54
Oldcastle, John（オールドカースル）195
小野茂　24, 73
小野経男　52
太田朗 (Ota Akira)　139-142, 145, 147, 154, 157, 160, 163, 172
Palmer, F. R.　119, 124-126, 129, 136, 154, 160, 161, 165, 170
Pullum, G.K.　128-129, 130
Purvey, J.（パーヴィー）187
Quirk, R.　54, 62, 64, 114, 154, 170
Samuels, M. I.　44
Schmidt, A.V.C.　43, 45, 47
Shakespeare, William　66, 75, 100ff., 138
Spasov, D.　157, 158
寺澤芳雄　54, 188-189
寺島廸子　2
Teuxbery, John（タクスベリー）199
Thomson, A. I.　114, 127-129, 130, 148, 154
Trevelyan, George M.（トレヴェリアン）176-177, 186-188, 194-195, 199
Tunstall, C.　83
Tyler, Wat　193

Tyndale, William（ティンダル）3, 4, 33, 41, 71, 82, 84, 86, 98, 100ff., 138, 189, 195ff.
Vaughan, R.　188
Visser, F.Th.　2, 23, 40, 75, 79, 80, 117,
Williams, E.S.　54
Wycliffe, John（ウィクリフ）3ff., 23, 25ff., 46, 47, 50, 53ff., 63, 64, 66, 76, 78, 138, 176, 179ff., 190-192, 193, 194
安井稔　52, 139, 143-144, 162, 165, 173
Yonekura, Hiroshi　24

事　項

あ行

R用法 (root)　139-142, 146, 147-148, 149, 153, 154, 155, 157, 158-160, 161
異形態　26
異端　180
　――審問　149, 199
意味
　義務的――　155
　根源的――　139, 155
　知的――　155
　認識様態的――　139, 155
E用法 (epistemic)　139, 140-142, 143-144, 145-146, 147, 149, 150, 151ff.

ウィクリフ聖書翻訳協会　179
ウィクリフ派聖書　179, 181ff.
ウィクリフ派説教集　191
ヴィッテンベルグ　176
受け身→受動態
ウルガタ (Vulgata) 聖書　8, 60, 179,
英訳聖書　177
エクスルゲ・ドミネ　199
オックスフォード　181
織物会館　198
織物業者　110, 197-199

か行

過去の単一の出来事の実現　123, 125, 129, 135, 137
仮想的な (hypothetical)　168, 171
化体説（かたいせつ）(transubstantiation)　179, 180, 181
仮定法　11, 67
　——現在　31-32, 75-76, 110
感覚動詞　135, 136
カンタベリー大司教　193
完了形　167
完了不定詞　141
脚韻詩 (end rhyme)　43
共起　30, 163
　法助動詞との——　66, 109, 165
近代英語　25
欽定訳聖書 (*Authorized Version of the Bible, The*)　6, 66ff., 82ff.
偶像礼拝　195
グロスターシア　197
形態論（的）　53, 123, 190

形容詞句　116
言外の意味 (connotation)　146
現代英語 (PE)　25, 54, 56, 66, 75
ケンブリッジ大学　176
後置修飾　76, 110, 133
肯定平叙文　156, 162, 164-165
古英語　25
告解　195
語用論　139

さ行

ジェンダー論　201
実現性　116
実体共存説 (consubstantiation)　180
宗教改革　176, 177, 195
　——の明けの明星　180
　——の先駆者　180
　——三部作　199
主語指向（性，的）　126, 130, 136
受動態　126, 166
（巡回）托鉢修道士　179, 181, 182-183
準法助動詞　3
条件節　106
進行形　139, 141, 143, 144
聖書のみ (sola scriptura)　178
接尾辞　53ff,
造語能力　53
即時性　141

た行

態中立的 (voice-neutral)　126
中部方言　27

中立的可能性 (neutral possibility) 126
直説法現在
  may の―― 32
直説法過去
  may の―― 33
通時的 53
ティンダル訳（聖書）(Tyndale's Bible) 86ff.,
頭韻詩 (Alliterative Poetry) 43
動作主動詞 (agentive verb) 166
動詞の補部 133
動的動詞 (dynamic verbs) 135
独立奪格文 184
トラクト伝道 181
トリニティカレッジ 176

な行

農奴制 194
二重法助動詞 30-31

は行

バルク書 3.20 186
非定形 132-133
ピューリタン 177, 201
分詞構文 76, 110
平準化 27, 29
ペンテコステ 183
法助動詞 2ff.,
  ――の意味の消長 2
  ――と進行形との共起 145ff.
ぼかし表現 (hedge) 169
ヴォルムス 196

ボドレー図書館 186
ぼやけ集合 (fuzzy set) 172
ポライトネス 153
本動詞
  ――の省略 104

ま行

貧しき司祭たち 181
命題内容 143
命題指向的 (proposition oriented) 126, 136
名詞節 106
  ――の中での could 106

ら行

ラタワース 180,
ラテン語聖書 →ウルガタ聖書
ローマカトリック教会 178, 180, 181
ローマ教皇庁 178,
ロラード（派） 176-177, 198-199
ロンドン司教 178

わ行

ワット・タイラー 205
  ――の乱 205

英語表記のもの

Brown Corpus 73-74, 130-137
Canterbury Tales, The 3, 8ff., 22-24, 25, 27, 28-30, 36-37
Corpus of the Survey of English Usage 159

King James Version → 欽定訳聖書
Lancaster Corpus 159
Tyndale's Bible 4, 6, 19, 30, 33, 41, 78, 82ff., 84, 86, 98, 100ff., 138, 189, 195ff.
New English Bible, The (*NEB*) 18-21, 22-23, 35-36, 37-39, 66ff., 71, 80
New International Version 78, 79
Piers Plowman 42ff.,
Wycliffite Bible, The (*WB*) 4, 25ff., 38, 39, 40, 53, 56, 64, 71
Wycliffite New Testament, The (*WNT*) 3-8, 17-21, 22-23

英語語句および英語術語

able 53
-able 53ff.,
　——の特性 54, 55
be able to 3, 4, 5, 6, 7, 9, 10, 11, 12, 14, 19, 22, 23, 47, 48, 49, 50, 51, 52, 66, 67, 68, 69, 70, 71, 72, 73, 74, 75, 76, 77, 78, 79, 80, 81, 86, 89, 90, 91, 92, 93, 95, 96, 97, 100, 101, 102, 103, 107, 108, 109, 110, 111, 114ff., 122ff.
be mighty to 3, 4, 5, 6, 7, 39-40, 43, 71-72, 80
Beowulf 43
can 2, 8, 9, 10, 11, 12, 13, 14, 15, 18, 19, 20, 21, 22, 23, 24, 25, 26, 35, 36, 37, 38, 40, 41, 42, 45, 46, 47, 48, 49, 50, 51, 52, 66, 67, 70, 71, 78, 79, 80, 81, 86, 87, 88, 89, 91, 92, 93, 94, 97, 100, 101, 102, 103, 104, 105, 106, 107, 109, 111
　本動詞の—— 10
　It cannot be 104
　——の３つの意味 111, 112
　許可の—— 113, 114, 118
　肯定平叙文の—— 155
can be able to 78-80, 117
could
　仮定法の—— 101, 106, 107, 118
　仮定法の—— + have + en 106, 107
　名詞節の中での—— 106
　O, (that) の構文での—— 106
　unless 構文の中での—— 107
　独立した節の中での—— 107
dynamic modality 170
existential modality 160, 161, 165, 167
factual possibility 161, 168
have the divine power 6, 24
may 1, 8, 9, 10, 12-14, 16-17, 21, 22-23, 27-28, 29-37, 40, 45-46, 47-48, 50-52, 138, 139-142, 143, 155, 156-157, 158, 161, 162, 169, 170, 173
　——の現在分詞形 33-34
　——の過去分詞形 34
　本動詞の—— 29-30
diagram 159

may and can 15
might 8, 12, 143, 145, 169, 170
missing negative 162
modal+ progressive forms 145ff.
must 2, 8, 16-17, 21, 22-23, 72-74, 139-142, 144, 150-151, 153, 154, 155, 158, 161, 173
positive 172
possible
 It is possible for... 159
 It is possible for...to ～ 140, 161
 It is possible that... 140, 161
possibility 157, 161
probability 157
secondary (function) 157
sola scriptura 178
tentative possibility 169, 171
tentative Epistemic possibility 169
that S 140
theoretical possibility 160, 161, 165
fuzzy set theory 159

《著者紹介》
寺田 正義（てらだ まさよし）
1937年，横浜市で生まれる。東京教育大学文学部英語英文学専攻卒業。桐朋中・高等学校，東京教育大学（現筑波大学）付属高等学校教諭を経て，山形大学教育学部助教授，都留文科大学文学部教授，聖学院大学人文学部教授，人文学部長を務めた後，2008年定年退職。

〈主な著書・論文〉
『英語科教育法入門』（共著, 学文社），『英語要覧』（共著, 大修館），'Controllability of Non-finite Verbs' (Bulletin of Yamagata University)（山形大学），「英語遊離数量詞研究の分析」『聖学院大学論叢』（聖学院大学），「日本語の数量詞移動について」『成田義光教授還暦祝賀論文集』（英宝社）など。

言語変容の基礎的研究
英語準法助動詞 be able to をめぐって

©2010年4月3日　初版発行

|検印省略|

著　者　　寺田　正義
発行者　　原　　雅久
発行所　　朝日出版社
　　　　　〒101-0065　東京都千代田区西神田 3-3-5
　　　　　TEL (03)3263-3321（代表）　FAX (03)5226-9599

乱丁，落丁本はお取り替えいたします
ISBN978-4-255-00520-1 C0082　　*Printed in Japan*